Petra Wüllenweber | Netboy

Theater der Gegenwart

Petra Wüllenweber

Netboy

Nachwort, Anmerkungen
und Unterrichtsanregungen von Sven Jacobsen

Reclam

RECLAMS UNIVERSAL-BIBLIOTHEK Nr. 14401
2023 Philipp Reclam jun. Verlag GmbH,
Siemensstraße 32, 71254 Ditzingen
info@reclam.de

Gestaltung: Cornelia Feyll, Friedrich Forssman
Druck und Bindung: Esser printSolutions GmbH,
Untere Sonnenstraße 5, 84030 Ergolding
Printed in Germany 2025
RECLAM, UNIVERSAL-BIBLIOTHEK und
RECLAMS UNIVERSAL-BIBLIOTHEK sind eingetragene Marken
der Philipp Reclam jun. GmbH & Co. KG, Stuttgart
ISBN 978-3-15-014401-5
reclam.de

Der im Dramentext verwendete Schrägstrich (/) markiert abrupte Unterbrechungen und Sprecherwechsel.

Personen

MARIE
SARAH
OLAF
MARIES MUTTER

MARIES VATER (kann als Video vorab aufgenommen werden)

Empfehlung zu den Chat-Szenen:
Diese können (ergänzend zur visuellen Darstellung) von MARIE gesprochen und von NETBOY durch eine Computerstimme hörbar gemacht werden.

1.

MARIE *(zum Publikum)*. Gestern hab ich sie wiedergesehen. Sie war direkt vor mir an der Supermarktkasse. Da stand sie mit ihrem krummen Rücken und dem braunen Mantel, den sie immer trägt, egal wie warm es ist. Aber die Oma ist nicht mein Problem. Mein Problem ist: ihre Perücke. Ich weiß, dass sie eine trägt. Ihre Locken wirken so künstlich, dass sie schon beim bloßen Hinsehen knistern. Und ich frag mich, wie der Kopf von der Oma wirklich aussieht? Hat sie graue oder weiße Haare? Oder eine Glatze? Und dann kommt dieses Gefühl in mir hoch … dass ich nachschauen möchte. Einfach mit meiner Hand hingreifen – und ihr die Perücke vom Kopf ziehen. Sie würde bestimmt schreien. Aber so wüsste ich, was darunter ist. Ich hab mal versucht, mit meiner Mutter über das Perücken-Thema zu sprechen. Aber kaum fing ich damit an, fragte sie, ob ich Friseurin werden will. Typisch, sie versteht nichts. Die Frage ist doch: Was ist unter den Perücken? Was verstecken die Leute da? Was sollen wir nicht sehen?

(Marie, Sarah und Olaf – jeder für sich in einem Lichtspot.)

MARIE. Wer …?

SARAH. … bin ich?

OLAF. Wer bin ich … für dich?

MARIE. Ich bin … ich.

SARAH. Aber, wenn ich nicht ich bin …

OLAF. … wer bin ich dann?

2.

Marie und Sarah – im leeren Klassenzimmer.

SARAH. Glückwunsch!

MARIE. Tut mir leid, Sarah.

SARAH. Warum? – Ist ein klares Ergebnis. *(Zum Publikum.)* Ich starrte auf die Tafel. Hinter meinem Namen waren zwei Striche. Wenn ich geahnt hätte, dass es so peinlich werden würde.

MARIE. Ich hätte nie gedacht, dass es so ausgeht.

SARAH *(zum Publikum)*. Warum hatte ich mich bloß zur Wahl gestellt? Ich hatte nie eine Chance zu gewinnen. Marie wusste das. Sie wusste, dass ich so schlecht abschneiden würde. Deshalb wollte sie, dass ich mitmache.

MARIE. Bist du sauer auf mich?
(Sarah schüttelt verneinend den Kopf.)
Wenn du Stellvertreterin geworden wärst, hätten wir den Job zusammen machen können.

SARAH. Der Job ist doch eh bescheuert.

MARIE. Ja, aber ...

SARAH. Ab jetzt musst du immer für alle da sein. Alle werden nun mit ihren Problemen zu dir kommen.

OLAF *(kommt dazu)*. Toller Erfolg!

SARAH. Ach ja?

OLAF. Also, ich meine ... für Marie.

SARAH. Viel Spaß beim Feiern. *(Geht.)*

MARIE. Hey, Sarah, bleib hier!

OLAF. Sorry, ich wollt nicht ...

MARIE. Sie wird's verkraften.

OLAF. Ich hab dich auch gewählt … also … als Klassensprecherin.

MARIE. Und jetzt? – Hast du ein Problem?

OLAF. Nein! … Ich find's einfach klasse … dass du's geworden bist.

MARIE. Ja, dann – bis morgen.

OLAF. Warte, ich hab etwas für dich … *(Wühlt in seinem Rucksack.)* … ein Geschenk.

MARIE. Weil ich Klassensprecherin geworden bin?

OLAF. Nein … einfach so.

MARIE. Eine CD?!

OLAF. Sind meine Lieblingssongs drauf.

MARIE. Aha. Danke.

OLAF. Hoffe, sie gefällt. Das letzte Lied … ist …

MARIE. Ich muss los. Mein Vater wartet bestimmt schon. *(Geht schnell ab.)*

(Olaf schaut ihr nach und geht dann in eine andere Richtung weg.)

3.

MARIE *(öffnet einen Pizzakarton)*. Mhm … *(Schaltet auf ihrem Notebook Skype an; ruft ihren Vater per Video an – und beißt genüsslich in die Pizza.)*

(Auf der Leinwand erscheint ihr Vater, der ebenfalls Pizza isst.)

VATER. Hallo, Marie. Wie geht's dir?

MARIE *(kauend)*. Gut.

VATER. Welche Pizza hast du heute?

MARIE. Venezia. Und du?

VATER. Capricciosa. Was gibt's Neues in der Schule?

MARIE. Bin heute Klassensprecherin geworden.

VATER. Super!

(Jemand ist anscheinend in das Büro des Vaters gekommen, denn der Vater spricht nun in einem anderen Ton zur Seite.)

Ja? Legen Sie die Akte dort ab … Ich komme gleich zu Ihnen rüber.

(Man hört, dass eine Tür geschlossen wird.)

MARIE. Stress?

VATER. Wie immer.

MARIE. Papa, ich hab eine Idee für nächstes Wochenende! Wir könnten /

VATER. Nächstes Wochenende wird schwierig. Wollte ich dir schon letztes Mal sagen, aber da war es noch nicht ganz sicher.

MARIE. Was?

VATER. Es wird sich bald etwas ändern.

MARIE. Aha.

VATER. Unser gemeinsames Pizza-Essen können wir aber

bestimmt beibehalten. Nur das Abholen am Wochenende wird schwieriger.

MARIE. Warum? Für Mama ist das völlig okay, dass wir uns regelmäßig sehen.

VATER. Es hat nichts mit deiner Mutter und mir zu tun.

MARIE. Na dann?!

VATER. Sabine ist befördert worden.

MARIE. Schön für sie.

VATER. Die neue Stelle ist in Berlin.

MARIE. Und jetzt willst du öfters nach Berlin fahren – und kannst mich nicht jedes zweite Wochenende treffen.

VATER. Wir ziehen beide nach Berlin.
(Stille.)
Eine Fernbeziehung ist nichts für Sabine und mich.

MARIE. Dann trennt euch doch.

VATER. Es reicht! – … dass deine Mutter und ich uns getrennt haben.
(Stille. Marie kaut lustlos an ihrer Pizza.)
Meine Firma hat eine Niederlassung in Berlin – ich hab um meine Versetzung gebeten.

MARIE. Die Pizza schmeckt sch…recklich.

VATER. Nächsten Monat ziehen wir um.

MARIE. Der Teig ist völlig pampig.

VATER. Ich weiß, das kommt alles etwas überraschend. Ging uns genauso.

MARIE. Und der Käse taugt auch nicht.

VATER. Unsere neue Wohnung hat ein Gästezimmer. Du kannst also in den Ferien immer zu uns kommen.

MARIE. Ist wahrscheinlich nur Ersatzkäse.

VATER. Hörst du mir überhaupt zu?

MARIE *(wirft die Pizza zurück in den Karton)*. Kannst deine Pizza alleine essen.

VATER. Marie, lass uns bitte in Ruhe reden.

MARIE. Ich muss jetzt Hausaufgaben machen.

VATER. Damit kannst du bestimmt noch kurz warten. Ich möchte mit dir über dieses Thema sprechen.

MARIE. Warum? Ihr habt doch schon alles entschieden.

VATER. Versteh doch – so eine berufliche Chance bietet sich nicht oft.

MARIE. Ja, ich verstehe. Verstehe genau, was hier läuft. – Hau doch für immer ab mit deiner doofen Sabine. Eine Fernbeziehung ist auch nichts für mich!
(Beendet den Skype-Videoanruf.)

4.

Marie öffnet ihr Netbook und loggt sich als SUNRAIN *auf der Internetseite »MeetYou« im Chatroom ein. Marie schreibt – ihre Texte und die Antworten sind auf einer großen Projektionsfläche zu lesen.*

SUNRAIN. Was für ein Tag!! Könnte kotzen!!! *(Wartet kurz; tippt.)* Hey, jemand da?
(Wartet; tippt.) Punkgirl, MickyMouse3, Baum81 – ich seh, dass ihr online seid.
(Wartet ungeduldig; tippt.) Was ist los???
(Computer-Sound – Freundschaftsanfrage.)

MARIE *(liest)*. Freundschaftsanfrage von Netboy.
(Für sich.) Netboy, Netboy – wer nennt sich Netboy?
(Überlegt kurz und drückt dann den »Akzeptiert«-Button.)

SUNRAIN. Wer bist du?

NETBOY. Schau auf mein Profil.

MARIE *(liest)*. Netboy – 15 Jahre.
Wohnort: Appenzell.
Lieblingssong: Payphone.

SUNRAIN. Jooo ... (y) die Musik ist gut gegen schlechte Laune. Und meine Laune ist gerade :boom:

NETBOY. Warum?

SUNRAIN. Väter sind Schweine. Können mich alle mal.

NETBOY. Wie viele Väter hast du?

SUNRAIN. Nur einen. Das reicht. Der hat ’ne blöde Tussi als Freundin.

NETBOY. :da: Freundinnen sind Schweine!!!

SUNRAIN. Die schleppt ihn nach Berlin :tot:

NETBOY. Ist ’ne coole Stadt.

SUNRAIN. Aber weit weg.

NETBOY. Dann hast du deine Ruhe.

SUNRAIN. Hab genug Ruhe. Meine Mutter ist dauernd am Arbeiten.

NETBOY. Machst du dann Fete zu Hause?

SUNRAIN. Manchmal … und du?

NETBOY. Kann immer Fete machen.

SUNRAIN. Echt?

NETBOY. Bin im Internat.

SUNRAIN. Genial! Ich komme!!!!!!!!!!!!!!!!!!!!!!!

NETBOY. Okay … ist in der Schweiz.

SUNRAIN. :-c Zu weit weg. Schaaaade!

NETBOY. Sorry, muss jetzt zum Nachmittagskurs.

SUNRAIN. Warum die Freundschaftsanfrage?

NETBOY. Warum nicht?!

SUNRAIN. Wir kennen uns nicht. Oder?

NETBOY. Finde deinen Nickname gut, SUNRAIN. Wollte wissen, was du so schreibst. Muss jetzt aber echt zum Unterricht, sonst krieg ich Stress.

SUNRAIN. Okay. Bis bald?

NETBOY. Mal sehen.

5.

OLAF *(spielt Gitarre und singt dazu; imitiert diverse Sänger und deren Stil; kündigt dann ein Lied von sich an).* Und hier ein Song von Olaf. Olaf, der seinen Namen nicht mag – und sich deshalb lieber *(Überlegt kurz.)* Jack nennt. Da sein Opa aber bereits »Olaaaaf« hieß, nannten ihn seine Eltern auch so. Und nun muss er jeden Tag mit diesem bescheuerten Namen herumlaufen. Aber Leute, welcher Musiker, also welcher wirklich gute Musiker heißt »Olaf«? – Genau! Genau, deshalb heiß ich: Jack. Und hier ist mein Song.
(Spielt seinen Song.)

6.

Marie steigt in den Bus ein. Sarah sitzt dort bereits.

MARIE. Hast du Mathe gemacht?

SARAH. Ja. Hast du Englisch?
(Die beiden tauschen ihre Hefte und schreiben schnell die Lösungen ab.)
(Schaut aus dem Fenster.) Nur noch zwei Bushaltestellen, dann sind wir da.
(Der Bus bremst abrupt.)
Oh, nein! Jetzt hab ich hier einen riesigen Strich. – Tintenkiller?!

MARIE. Im Rucksack.

SARAH *(sucht den Tintenkiller in Maries Rucksack; entdeckt dabei eine CD und zieht sie mit aus dem Rucksack.)* Cooles Cover. Was ist das?

MARIE. Von Olaf.

SARAH. Ist ein Mix, oder?

MARIE. Keine Ahnung, welche Musik drauf ist.

SARAH. Mit selbstgestaltetem Booklet. – Hat er dir die geschenkt?

MARIE. Mhm. Willst du sie hören?

SARAH. Nee. Ist ja für dich.
(Beseitigt den Strich und klappt die Englischhefte zu.)
Wann bist du endlich fertig? Wir müssen jetzt aussteigen.

MARIE *(klappt die Hefte zu und gibt Sarah ihres wieder zurück; grinsend).* Geschafft!

7.

MARIE *(loggt sich bei »MeetYou« ein).* Mal sehen, wer online ist ...

(Liest.) Der wahre Weg geht über ein Seil, das nicht in der Höhe gespannt ist, sondern knapp über dem Boden. Es scheint mehr bestimmt, stolpern zu machen, als begangen zu werden.

Wer postet das? ... Aha, Netboy.

SUNRAIN. Super Text. – Ist der von dir?

NETBOY. Von Kafka.

SUNRAIN. Kafka? Wow. Hab noch nie was von Kafka gelesen.

NETBOY. Er kennt die dunkle Seite des Mondes.

SUNRAIN. Der weiß genau, wie ich mich fühle.

NETBOY. Seelenverwandt?

SUNRAIN. Vielleicht. Denken viele Schweizer so?

NETBOY. Bin kein Schweizer. Bin hier nur im Internat.

SUNRAIN. Wo wohnst du sonst?

NETBOY. München.

SUNRAIN. Da waren wir mal auf Klassenfahrt. :-) :-) Schöne Stadt!

NETBOY. Ja, wenn man da ist.

SUNRAIN. Warum bist du in einem Schweizer Internat?

NETBOY. Wegen der Noten. Bessere Chancen später ... Das übliche Blabla. Wahrscheinlich zahlen meine Eltern aber nur so viel, damit ich möglichst weit weg bin.

SUNRAIN. Hast du Stress mit ihnen?

NETBOY. Nee. Mein Vater ist immer unterwegs. Geschäftsreisen und so.

Und meine Mutter ist damit beschäftigt, sein Geld auszugeben.

SUNRAIN. :-))))

NETBOY. Sie haben bestimmt beide eine Affäre mit jemand anderem. Deshalb sind sie dauernd weg.

SUNRAIN. Sarah glaubt auch, dass ihre Eltern heimlich Affären haben.

NETBOY. Wer ist Sarah?

SUNRAIN. Meine Freundin. Oder … na ja … vielleicht eher *eine* Freundin.

NETBOY. Erzähl mir von ihr.

SUNRAIN. Sarah sitzt in der Schule neben mir. Eigentlich nett, ziemlich still … und ein bisschen langweilig.

NETBOY. Aha.

SUNRAIN. B2T Kafka. Ist er das auf deinem Profilfoto?

NETBOY. Ja. Da war er 15 Jahre alt.

SUNRAIN. Wie siehst *du* aus?

NETBOY. Spielt keine Rolle.

SUNRAIN. Warum?

NETBOY. Möchte nicht nach meinem Äußeren beurteilt werden. Wichtig ist, was man denkt, was man tut.

8.

Olaf wartet auf dem Schulhof. Sarah kommt vorbei.

OLAF. Hey.

SARAH. Hallo, Olaf.

OLAF. Und äh … Wo ist Marie? … Sie ist … ihr kommt sonst immer … Wo ist sie?

SARAH. Sie hat ein Klassensprecher-Treffen.

OLAF. Ach so. Wegen neulich … also wegen der Wahl … zum Klassensprecher …

SARAH. Längst vergessen.

OLAF. Gut … ich wollte nämlich nicht …

SARAH. Das CD-Cover sieht super aus. Wie hast du das gemacht?

OLAF. … Du meinst, die CD …

SARAH. … die CD für Marie. Hat ein tolles Booklet.

OLAF. Hab ich mit Photoshop gemacht.

SARAH. Würde ich auch gerne können.

OLAF. Meinst du …

SARAH. Kannst du mir das nicht mal zeigen?

OLAF. Klar. Weißt du … ob Marie die CD gefällt?

SARAH. Keine Ahnung. Frag sie selber. *(Geht.)*

OLAF. Super! Super hinbekommen! »Äh … äh … ihr kommt sonst immer … äh … meinst du – … äh … weißt du … äh …« Wie blöd muss man sein, um so rumzustottern. Also, wenn ich das noch nicht mal hinbekomme … oh, Mann. *(Als Jack.)* – Hey, Olaf! Kein Grund zur Panik. Dir fehlt nur die richtige Taktik. Du musst das ganz anders angehen. Beim nächsten Mal wirst du …
(Als Olaf.) Scheiße, hat es jetzt schon geklingelt?
(Eilig ab.)

9.

MUTTER *(stellt Geschirr auf den Tisch)*. Marie!
(Keine Antwort.)
(Bereitet weiter das Essen vor.) Deckst du bitte den Tisch!

MARIE *(leise aus dem Off)*. Jaaaa ... *(Kommt nicht.)*

MUTTER *(deckt selber genervt den Tisch)*. Marie, jetzt komm endlich zum Essen.

MARIE *(aus dem Off)*. Gleich.

MUTTER. Nein, jetzt!
(Marie kommt leise vor sich hin murmelnd in die Küche. Als sie sieht, was es zu essen gibt, bessert sich ihre Laune.)
Das Essen ist fast schon wieder kalt. Warum muss ich dich immer so oft rufen?

MARIE. Musste noch was fertig schreiben.

MUTTER. Was machst du da ewig am Computer?

MARIE. Etwas für die Schule.

MUTTER. Bestimmt nicht, sonst wärst du beim ersten Rufen gekommen.

MARIE *(versucht das Thema zu wechseln)*. Schmeckt gut.

MUTTER. Warst du wieder in diesem »MeetYou«-Chat?

MARIE. Kann sein.

MUTTER. Warum telefonierst du nicht mit deinen Freundinnen? Oder triffst sie?

MARIE. Tu ich doch.

MUTTER. Dann musst du ja nicht auch noch stundenlang vor dem Computer sitzen, um dich mit ihnen auszutauschen.

MARIE. Das geht nicht anders.

MUTTER. Was geht nicht anders?

MARIE. Verstehst du nicht.

MUTTER. Ich will nicht, dass du die ganze Zeit an dem Gerät hängst.

MARIE. Du bist total spießig.

MUTTER. Nur weil ich nicht möchte, dass meine Tochter jede Sekunde »online« ist?!

MARIE. Die anderen machen das auch.

MUTTER. Die anderen sind kein Maßstab für mich.

MARIE. So bin ich wenigstens in Kontakt. Egal, wo meine Leute gerade auf der Welt sind. *(Denkt an Netboy.)*

MUTTER *(denkt an Maries Vater und lenkt ein)*. Ja, das ist natürlich schwierig.

MARIE. Was?

MUTTER. Mit Berlin. Aber du weißt, dass dein Vater ... na ja ... Ihr bekommt das schon hin.

MARIE *(zynisch)*. Was soll man da noch »hinbekommen«?

MUTTER. Die Zugverbindung ist gar nicht so schlecht. Du könntest das ein oder andere Wochenende mal hinfahren. Und wenn du die Ferien gerne in Berlin verbringen möchtest ...

MARIE. Mit Sabine in einer Wohnung? Nein, danke.

MUTTER. Vielleicht fährst du mit deinem Vater zusammen in Urlaub?

MARIE. Nur, wenn er die Zicke nicht mitnimmt.

MUTTER. Es wird sich bestimmt eine Lösung finden lassen.

MARIE. Ich fahr alleine in Urlaub. In die Schweiz.

MUTTER. Die Schweiz ist zu teuer.

MARIE. Ihr denkt nur an euch! Hauptsache, euch geht es gut! Und ihr könnt Karriere machen oder nach Berlin ziehen oder oder ... Aber was *mir* wichtig ist, interessiert euch gar nicht.

MUTTER. Natürlich interessiert uns das.

MARIE. Davon merk ich aber nichts!

MUTTER. Ich finde es auch nicht einfach, dass dein Vater wegzieht! Denkst du, er hat *mich* vorher gefragt?! Denkst du, er macht sich Gedanken, was das für *mich* heißt?! Was passiert, wenn ich jetzt mal krank werde? Wer ist dann für dich da? – *(Schluckt ihre Wut herunter.)* 'tschuldigung. Ich will dich da nicht mit reinziehen.

MARIE. Ich bin schon mittendrin.

MUTTER. Dein Vater hat sich nun mal so entschieden.

MARIE. Ja, ihr entscheidet. Immer nur ihr.

(Sie essen schweigend weiter.)

10.

Marie kehrt zu ihrem Laptop zurück und beginnt sofort wieder zu schreiben.

SUNRAIN. Ooooooh, meine Mutter nervt. Die versteht überhaupt nix.

NETBOY. Soll vorkommen.

SUNRAIN. Meckert, dass ich dauernd am Chatten bin. Will, dass ich »rausgehe« – kotz.

NETBOY. Kafka sagt: Es ist nicht notwendig, dass du aus dem Haus gehst. Bleib bei deinem Tisch und horche. Horche nicht einmal, warte nur. Warte nicht einmal, sei völlig still und allein. Anbieten wird sich dir die Welt zur Entlarvung.

SUNRAIN. (y) Der bringt's mal wieder auf den Punkt.

NETBOY. Könnte stundenlang seine Texte lesen. Kafka meint, man solle nur Bücher lesen, die einen beißen und stechen.

SUNRAIN. Würd ich auch gerne. Aber hier kann man kein Buch lesen. Überall totaler Terror.

NETBOY. Deine Mutter wieder?

SUNRAIN. Nein, die ist jetzt weg zur Arbeit.

NETBOY. Was dann?

SUNRAIN. Unser Nachbar verprügelt mal wieder seine Katze.

NETBOY. Warum?

SUNRAIN. Wenn er besoffen ist, tritt er immer die Katze durch die Wohnung. Sie schreit und jammert. :-(

NETBOY. Erlöse sie!

SUNRAIN. Wie?

NETBOY. Du wirst einen Weg finden.

MARIE *(für sich)*. Das sagst du so leicht ... Wie soll ich das machen?
(Die Katze miaut erbärmlich.)
Oh, jetzt hat er sie wieder auf dem Balkon ausgesperrt. – Moment! Das könnte klappen ... wenn ich vom Bücherregal ein Brett nehme ...
(Geht ab; kehrt kurze Zeit später mit einem langen Regalbrett zurück; öffnet zwei Thunfischdosen und verteilt den Fisch über das Brett; geht mit dem präparierten Brett zur anderen Seite der Bühne; kommt nach einer Weile zurückgelaufen und setzt sich freudestrahlend an den Laptop.)

SUNRAIN. Ich hab's geschafft!!! (V)

NETBOY. Wie hast du sie erlöst?

SUNRAIN. Mit Thunfisch auf unseren Balkon gelockt ...

NETBOY. Und dann hast du sie getötet?

SUNRAIN. Nein!!!!!!!! Ein Witz, oder??!!!!!!!! Hab sie in meiner Sporttasche in den Park gebracht. Dort wird es ihr besser gehen als bei dem Alki. (V)

NETBOY. Jeder hat sein Schicksal. Doch kennt er es oft nicht ...

SUNRAIN. Es macht Spaß, Schicksal zu spielen.

NETBOY. Wir werden die Welt verändern.

SUNRAIN. Wie meinst du das?

NETBOY. Wirst du schon sehen.

11.

SARAH. Ich fass es nicht! Diese blöde Kuh.

MARIE. Was hat sie gegen dich?

SARAH. Keine Ahnung. Ich hab ihr nichts getan.

OLAF *(kommt dazu)*. Die Bruttschner hat dich ja völlig auf dem Kieker.

MARIE. Kann man wohl sagen.

OLAF. Diese Fragen … die hätte keiner von uns beantworten können.

SARAH. Das hat die Bruttschner mit Absicht gemacht. Sie genießt das.
(Für sich.) Und ihr seid froh, dass sie mich quält und nicht euch. Erst schön ducken, damit ihr nicht drankommt und dann später gemeinsam einen auf »Oh, wie schrecklich!« machen.

MARIE. Du tust mir echt leid.

OLAF. … Ja, wirklich.

SARAH. Sie *wollte* mir eine Sechs geben.

OLAF. Vielleicht hatte sie heute einen schlechten Tag.

SARAH. Dann muss sie ihren Frust trotzdem nicht an mir auslassen.

MARIE. Letzte Woche hat sie dich auch schon so vorgeführt. Nur ohne Note.

SARAH. Wie soll ich das meinen Eltern erklären?!

OLAF. Bestimmt kannst du die Note … bald wieder ausgleichen.

SARAH. Dazu muss ich in der nächsten Arbeit eine Eins haben. Und das würde der Bruttschner wieder nicht gefallen. Die will mich unten sehen!

MARIE. Mach dich nicht zum Opfer!

SARAH *(für sich)*. Als ob man das selber entscheiden könnte. Opfer – Marie weiß doch gar nicht, was das heißt, wie sich das anfühlt.

OLAF. Vielleicht … hatte die Bruttschner vorher Streit mit jemandem … und dann …

MARIE. Willst du sie jetzt verteidigen? Nur weil dein Vater auch Lehrer ist.

OLAF. Nein. So war das überhaupt nicht gemeint!

MARIE. Ich werd als Klassensprecherin mal mit ihr reden.

SARAH. Sie wird sagen, ich hab nicht gelernt.

MARIE. Und, hast du gelernt?

SARAH. Was soll das jetzt? Auf welcher Seite stehst du eigentlich?

MARIE. Auf deiner, aber du weißt selber/

OLAF. /Soll mein Vater mal mit ihr reden? Kann ja sein/

SARAH. /dass die Bruttschner dann völlig durchdreht.

MARIE. Vielleicht hat sie jetzt das, was sie wollte. Und gibt Ruhe.

SARAH. Hoffentlich.

(Schweigen.)

OLAF *(zu Sarah)*. Wenn du Lust hast … kann ich dir Photoshop erklären …

SARAH. Für Chemie?

OLAF. Nein. Für Booklets … und so …

SARAH. Klar. Wäre super … Willst du zu mir kommen?

OLAF. Das Programm ist auf meinem Rechner.

SARAH. Also besser bei dir.

OLAF. Hm.

SARAH. Heute Nachmittag um fünf?

OLAF *(zu Marie)*. Willst du auch kommen?

MARIE. Nein, ich versteh nichts davon.

OLAF. Ich könnte es dir zeigen …

MARIE. Lass mal. Nicht mein Ding. *(Geht.)*
Bis morgen.

OLAF. Tschüss.

SARAH. Soll ich irgendwas mitbringen?

OLAF. Weiß nicht … hast du was, woran du arbeiten möchtest …?

SARAH. Mhm, ja.

OLAF. Dann bring's mit.

SARAH. Okay, bis heute Nachmittag.
(Olaf ab.)
(Für sich.) Ich hab eine Verabredung! Ich hab eine Verabredung mit Olaf! Ich glaub's nicht! *(Ebenfalls ab.)*

MARIE *(zum Publikum)*. Heute hätte ich es fast getan. Bei einem Mann, der im Bus schräg vor mir saß. Sein Kopf hing abgeknickt zur Seite. Ein rasselndes Geräusch aus seinem Mund verriet, dass er schlief. Und: Er hatte ein Toupet. Das sah ich. Spröde standen alle Haare in dieselbe Richtung ab. Die Perücke wirkte ungepflegt. So, als ob der Mann sie sich einfach jeden Tag nur schnell über den Kopf stülpt. Wie gerne hätte ich gewusst, was sich darunter verbirgt. Vielleicht könnte ich vorsichtig daran ziehen, während er schläft. Vielleicht würde er es gar nicht merken? Meine rechte Hand lag bereits auf der Lehne neben seiner Schulter. Sollte ich … sollte ich es tun? Aber, was würde ich dann sehen? Vielleicht verbarg sich darunter etwas sehr Hässliches? Ruckartig hob der Mann seinen Kopf. Er war aufgewacht. Und schaute suchend aus dem Fenster, um zu sehen, an welcher Station wir hielten.
Oh, nein – ich musste raus! Fast hätte ich es nicht mehr geschafft, rechtzeitig auszusteigen.

12.

Marie an ihrem Laptop.

NETBOY. Kafka schreibt: Liebe ist, dass du mir das Messer bist, mit dem ich in mir wühle.

SUNRAIN. Schwieriges Thema : O

NETBOY. Warum?

SUNRAIN. Glaube, meine Freundin Sarah ist in Olaf (auch in meiner Klasse) verliebt …

NETBOY. Und?

SUNRAIN. Die beiden bekommen das nicht auf die Reihe :-/

NETBOY. Wieso nicht?

SUNRAIN. Gestern war Sarah bei Olaf. Haben aber nur vor dem Computer gesessen. Sonst lief nichts. – Sagt Sarah.

NETBOY. Woran liegt's?

SUNRAIN. Olaf ist super schüchtern :-(

NETBOY. Dann hilf ihnen.

SUNRAIN. Lol. Wie soll ich das machen?

NETBOY. Bau ihnen eine Brücke.

SUNRAIN. Das müssen sie selber hinbekommen.

NETBOY. Du hast die Macht dazu.

SUNRAIN. Ich? :-o

NETBOY. Hört Olaf auf dich?

SUNRAIN. Ja. Manchmal denk ich, dass er in mich verliebt ist …

NETBOY. Beweise?

SUNRAIN. Neeee. Nur so ein Gefühl. Hat mir 'ne CD geschenkt … ;-> …

NETBOY. Was willst du?

SUNRAIN. Ist nur ein Kumpel für mich.

NETBOY. Gut. Dann kannst du handeln.

SUNRAIN. Meinst du?

NETBOY. Du kannst etwas verändern. --> Katze.

SUNRAIN. Ich soll die beiden erlösen?

NETBOY. Sie zusammenbringen.

SUNRAIN. Hab so was noch nie gemacht.

NETBOY. Die Zeit ist reif.

SUNRAIN. Wie soll das gehen?

NETBOY. Olaf und Sarah sollen sich küssen. Dann läuft es von alleine.

SUNRAIN. Krass. Okay. Aber wie starten wir das?

NETBOY. Du musst sie dahin locken.

SUNRAIN. Wie?

NETBOY. Spiel mit deiner Macht.

13.

Olaf spielt Gitarre.

MARIE *(kommt dazu)*. Schön.

OLAF. Ja?

MARIE. Die Melodie kenn ich irgendwoher.

OLAF. Ist der letzte Track auf der CD, die ich dir gegeben habe.

MARIE. Stimmt.

OLAF. Also … die anderen Sachen auf der CD sind natürlich nicht von mir … nur der letzte …

MARIE. Hast du das selber gespielt?

OLAF. Mhm. Ich nenne es »The smile in your eyes«.

MARIE. Wusste gar nicht, dass du so gut Gitarre spielen kannst.

OLAF. Könnte noch besser sein, aber …

MARIE. Hab mich gar nicht richtig für die CD bedankt.

OLAF. Schon gut.

MARIE. Die ist schön.

OLAF. Dachte schon, sie gefällt dir nicht.

MARIE. Ich wusste nur nicht, warum du/

OLAF. /einfach so.

MARIE. Okay. Schenkst du öfters irgendwelchen Mädchen CDs?

(Stille.)

OLAF. Du bist nicht irgendein Mädchen.

MARIE. Klar. Aber …

(Stille.)

Wie findest du eigentlich Sarah?

OLAF. Nett.

MARIE. Nicht mehr?

OLAF. Warum?

MARIE. Nur so.

OLAF. *Du* bist was Besonderes.

MARIE *(lacht)*. Ja, ja … aber nur, weil ich Klassensprecherin bin.

OLAF. Nein, nicht deshalb. Hast du eigentlich jemanden … ich meine, gibt es jemanden, den du … also, jemanden den du magst … und mit dem du …

MARIE. Ich glaube, – ich könnte nur mit jemandem zusammen sein, der auch schon Erfahrung hat.

OLAF. Erfahrung?!

MARIE. Ja, so im Küssen. Und so weiter.

OLAF. Aha.

MARIE. Hast du Sarah schon mal geküsst?

OLAF. Sarah? Äh, nein.

MARIE. Also, hast du keine Erfahrung.

OLAF. Nein … doch … ähm … nicht so …

MARIE. Aber Erfahrungen kann man ja sammeln. Triffst du dich noch mal mit Sarah wegen dem Photoshop-Programm?

OLAF. Ja, vielleicht.

MARIE. Dann viel Spaß! *(Geht schnell weg.)*

14.

Olaf und Sarah arbeiten zusammen mit Photoshop.

OLAF. Hier markierst du das Feld.

SARAH. So?

OLAF. Genau. – Und dann schiebst du das Ganze rüber. *(Als Jack.)* Das ist dein Stichwort, Junge. Schieb dich rüber!
(Für sich.) Wie? Was?
(Als Jack.) Jetzt schieb dich endlich rüber zu ihr.
(Für sich.) Ich kann das nicht.
(Als Jack.) Mach schon. Oder willst du hier noch tagelang rumfaseln?!
(Für sich.) Nein, aber …

SARAH *(schaut auf den Bildschirm und lacht)*. Sieh mal, wie das jetzt ausschaut.

OLAF *(als Jack)*. Besser wird die Stimmung nicht mehr. Lehn dich etwas zu ihr rüber und dann …!
(Für sich.) Okay. Ich probier's.
(Lehnt sich mehr zu Sarah rüber; was sehr ungeschickt wirkt.)

SARAH. Sitzt du bequem?

OLAF. Ja. Ja, ja, ja.
(Nimmt wieder seine vorherige Sitzposition ein.)
(Für sich.) Hab doch gesagt, dass das nicht funktioniert.
(Als Jack.) Ich glaub's nicht. So bescheuert kann man sich gar nicht anstellen.

SARAH *(für sich)*. Wollte der gerade … Nee! Oder doch?
(Rutscht diesmal etwas näher an Olaf ran.)

OLAF *(rückt ebenfalls etwas näher ran; als Jack.)* Geht doch. Und jetzt wieder atmen.

(Für sich.) Was?

(Als Jack.) Wenn du noch länger die Luft anhältst, bekommst du erst eine rote Birne. Und dann stirbst du.

(Olaf holt tief Luft.)

SARAH. Alles okay?

OLAF. Jo. Jo.

SARAH. Hast du Asthma?

OLAF. Asthma. Nein! Nein, hab ich nicht.

SARAH. Gut.

OLAF. Ich hab einen Onkel … einen Onkel, der hat Asthma.

(Als Jack.) Hör sofort auf, über Onkel Herbert zu reden! Das interessiert die nicht!

(Für sich.) Ja. Aber sie hat doch gefragt …

(Als Jack.) Onkel Herbert und Asthma und so 'nen Scheiß, ist hier überhaupt nicht angesagt. Kapiert?!

SARAH. Du hast eben so merkwürdig geschnauft. Da dachte ich/

OLAF. /Nein, nein. Ich hab … ich hab nur eingeatmet … ganz normales Atmen.

SARAH. Ach so.

OLAF. Ich frag mich …

SARAH. Ja?

OLAF. … nach was du riechst?!

SARAH. Warum?

OLAF. Riecht gut.

SARAH. Ist vielleicht mein Shampoo.

OLAF. Das riecht sehr gut. Äh, du riechst sehr gut.

SARAH. Danke.

OLAF *(als Jack)*. Meeeensch, läuft doch! Und jetzt küsst du sie!

(Für sich.) Ich kann sie nicht einfach küssen!

(Als Jack.) Klar, kannst du das. Das heißt, wenn du weiter so quatschst, kannst du sie natürlich nicht küssen.

(Für sich.) Was soll sie von mir denken?!

(Als Jack.) Nicht denken – küssen.

SARAH *(für sich)*. Mhm, jetzt passiert nichts mehr. Vielleicht wollte er gar nicht …

OLAF. Du?

SARAH. Ja?

OLAF. Ich … ich … *(Schaut Sarah an und beugt sich vorsichtig zu ihr.)*

(Sarah kommt allmählich näher. Ganz langsam bewegen sie sich aufeinander zu. Sie küssen sich. Erst ganz zart. Dann wird Olaf sicherer und küsst sie leidenschaftlicher. Olaf fasst Sarah an den Busen – sie stößt ihn weg.)

Sorry.

(Als Jack.) Super, das war's. Warum grabschst du ihr auch gleich an den Busen?!

(Für sich.) Na ja, wusste nicht, dass …

SARAH. Spinnst du?!

OLAF. Ich hab … ich dachte …

SARAH *(eisig)*. Ich muss jetzt gehen.

OLAF *(als Jack)*. Das Leben ist kein Porno.

(Für sich.) Das hab ich auch schon verstanden.

(Als Jack.) Auf jeden Fall ist das keiner, in dem du mitspielst?!

(Für sich.) Aber, was ist es dann?

(Als Jack.) So wie du dich anstellst: ein Drama. – Ich bin mir noch nicht ganz sicher, welche Rolle du darin spielst.

(Für sich – lacht.) Na, den Deppen.

(Als Jack.) Hey, da wird gleich jemand übermütig.

SARAH *(für sich)*. Ich fass es nicht. Sonst macht er immer einen auf schüchtern und jetzt … Was hat er vor? Ich dachte immer, er wäre mehr in Marie … Aber … so wie er geküsst hat … doch … Will er gleich ins Bett mit mir?

OLAF *(für sich)*. Das war schön. Also bis – da war es irre schön. Ganz weich. Und …

(Als Jack.) Na, auf den Geschmack gekommen?

(Für sich.) Davon will ich mehr. Noch viel mehr!

(Als Jack.) Aber Sarah anscheinend nicht.

(Für sich.) Marie hat gesagt, ich soll üben.

(Als Jack.) Ja – und Sarah hat dir fast eine runtergehauen.

(Für sich.) Vielleicht bin ich es etwas zu steil angegangen. Morgen lass ich uns etwas mehr Zeit.

(Als Jack.) Morgen? Sag mal, kannst du mir verraten, wo das hinführen soll?

16.

Marie schreibt auf ihrem Laptop.

SUNRAIN. Glaube, sie haben sich geküsst!

NETBOY. Und nun?

SUNRAIN. Komische Stimmung. Vielleicht liegt es aber auch an unserer Chemielehrerin :-!

NETBOY. Was hat die damit zu tun?

SUNRAIN. Sie schikaniert uns dauernd. Und Sarah hat sie besonders auf dem Kieker :boom: Würde der Lehrerin am liebsten vor die Tür scheißen.

NETBOY. Dann mach das!

SUNRAIN. Lmao! Die würde sich wundern! (y) Macht morgens die Tür auf und ... Rotfl!

NETBOY. Eine gute Aktion.

SUNRAIN. Lol. Dann könnte sie mal sehen, wie wir sie alle finden: »echt scheiße«!

NETBOY. Zeig es ihr.

SUNRAIN. Weiß gar nicht, wo die Bruttschner wohnt.

MUTTER *(aus dem Off)*. Marie, kommst du?!

MARIE *(ruft)*. Ja.

NETBOY. Monika Bruttschner – Erpelerstraße 11. –

SUNRAIN. Hä? Woher weißt du das?

NETBOY. Internet. Bei Google Maps siehst du unter »Street-View« sogar die Eingangstür.

SUNRAIN. Ja, war aber nur ein Spruch von mir.

NETBOY. Lass deinen Worten Taten folgen.

SUNRAIN. Waaaaaaaaaas????? Iiiiiiiiiiiiiih!!!!!!!!!!!!!!!

NETBOY. Mach es.

SUNRAIN. Zu heftig!!!!!!!!! Hab nicht den Mut dazu.

MUTTER *(aus dem Off)*. Marie, bitte!

MARIE. Gleich.

NETBOY. Kafka schreibt: Der Geist wird erst frei, wenn er aufhört, Halt zu sein.

MUTTER *(aus dem Off)*. Wie oft soll ich dich eigentlich rufen, bis du kommst?!

SUNRAIN. Aber Kafka hat Bücher geschrieben. Und niemandem vor die Tür ...

MUTTER *(aus dem Off)*. Entweder du kommst jetzt sofort zum Essen/

MARIE. /Komm ja schon.

MUTTER *(aus dem Off)*. /oder ich steck deinen Laptop in den Backofen. Bei 280 °C wird er bestimmt/

MARIE. /Heute spinnen wirklich alle. *(Geht ab.)*

17.

OLAF *(fängt Marie auf dem Schulhof ab)*. Marie … was machst du morgen Abend?

MARIE. Hab Daddy-Wochenende.

OLAF. Ach so.

MARIE. Weiß aber noch nicht, ob ich zu ihm gehe.

OLAF. Warum nicht?

MARIE. Er ist am Kistenpacken. Sein Umzug ist nächste Woche.

OLAF. Verstehe.

MARIE. Wahrscheinlich hat er eh keine Zeit.

OLAF. Die »Wishbones« spielen morgen Abend im Club. Ein Lied von ihnen war auf deiner CD. Das vierte … Hast du Lust, mit zum Konzert zu gehen?

MARIE. Das Lied war okay. Aber den ganzen Abend … ich mag Konzerte nicht so. Außerdem würde mich meine Mutter so spät da nicht hinlassen.

OLAF. Schade.

(Sarah kommt dazu. Olaf wird nervös. Auch Sarah verhält sich merkwürdig. Die Stimmung zwischen ihnen ist seltsam angespannt.)

SARAH. Endlich frei.

MARIE. Wann warst du das letzte Mal auf einem Konzert?

SARAH. Wieso?

OLAF. Kennst du die »Wishbones«?

SARAH *(schaut zu Olaf)*. Schon klar.

(Zu Marie.) Andres Thema?!

OLAF. Ich muss gehen. Bis dann.

SARAH. Tschüss.

MARIE. Viel Spaß beim Konzert.

(Olaf geht ab.)

Ist da was zwischen euch?

SARAH. Was soll denn sein?

MARIE. Mein ja nur.

(Stille.)

MARIE. Sollen wir am Wochenende was zusammen machen?

SARAH. Geht nicht. Hab Hausarrest.

MARIE. Wieso?

SARAH. Chemie. Meine Eltern sagen, ich muss so lange zu Hause bleiben, bis meine Note besser ist.

MARIE. Die ist nur schlecht, weil die Bruttschner dich nicht ausstehen kann.

SARAH. Das hab ich meinen Eltern genau so gesagt.

MARIE. Und?

SARAH. Sie meinten, ich soll es mal mit Lernen probieren.

MARIE. Die können dich doch jetzt nicht die ganze Zeit einsperren. Wenn die wüssten/

SARAH. /Vergiss es. Das bekommen sie in diesem Leben nicht mehr auf die Reihe.

18.

Marie am Laptop.

NETBOY. Hast du die Aktion durchgeführt?

SUNRAIN. Der Bruttschner vor die Tür … neeeeeeee. Find ich zu krass! : o

NETBOY. »Nichtstun ist eine der größten und verhältnismäßig leicht zu beseitigenden Dummheiten.« – Kafka
(Für einen Moment schreibt keiner der beiden.)
Willst du weiter mit ansehen, wie sie euch fertigmacht?

SUNRAIN. Das find ich ja auch scheiße, aber …

NETBOY. Ich kann dich so nicht mehr ernst nehmen.

SUNRAIN. Was meinst du damit?

NETBOY. »Verbringe die Zeit nicht mit der Suche nach einem Hindernis. Vielleicht ist keines da.« – Kafka.

SUNRAIN. Kafka hat gut reden … Würdest du das machen?

NETBOY. Ja. Wir können aber nicht warten, bis ich das nächste Mal in Deutschland bin. Zieh das jetzt durch.

SUNRAIN. Trau mich nicht.

NETBOY. Du verschwendest meine Zeit ;-(Haben erst wieder Kontakt, wenn du das erledigt hast.

SUNRAIN. :-&
(Wartet nervös auf eine Antwort.) Bitte schreib mir!!!!!!!!! !!!!!!!!!!!!!!!!!!!
(Überlegt – zögert – schreibt.) Ich mache es, wenn du mir ein echtes Foto von dir schickst.
(Pause.)
(Das Foto eines attraktiven 15-Jährigen erscheint auf dem Bildschirm.)

MARIE. Wow. Der sieht ja richtig gut aus! Dachte, er wär vielleicht …

NETBOY. Was ist jetzt?

SUNRAIN. *_* Okay, ich mach es morgen früh!

19.

Marie sitzt leicht verkrampft mit ihrer Mutter am Frühstückstisch.

MUTTER. Ist was?

MARIE. Nö. *(Um abzulenken.)* Wer war eigentlich die Frau, die du gestern mit dem Auto mitgenommen hast?

MUTTER. Beate.

MARIE. Deine Kollegin?! Hat sie eine neue Frisur?

MUTTER. Das ist eine Perücke. *(Marie schaut ihre Mutter fragend an.)* Chemotherapie.

MARIE. Mit ihrer Glatze sieht sie bestimmt krass aussätzig aus.

MUTTER. Na ja ... Sie trägt ja eine Perücke.

MARIE. Schon klar, so muss keiner sehen, wie beschissen es ihr geht.

MUTTER. Dein Vater fand es schade, dass du an seinem letzten Wochenende nicht vorbeigekommen bist.

MARIE. Sollte ich ihm beim Kistenpacken helfen?

MUTTER. Du schaust so verkrampft. Hast du Schmerzen?

MARIE. Ne.

MUTTER. Dein Vater würde dich gerne noch mal sehen, bevor sie nächste Woche umziehen.

MARIE. Warum sagt er mir das nicht selber?

MUTTER. Er meinte, du wärst nicht an dein Handy gegangen.

MARIE. Wenn er was von mir will, kann er sich ruhig bemühen. Sabine ruft er ja auch zwanzigmal in der Minute an.

MUTTER. Meinst du, es bringt etwas, wenn du dich mit Sabine vergleichst?

MARIE. Machst du auch!

MUTTER *(angespannt)*. Ich kann gut damit umgehen, dass dein Vater und ich getrennt sind.

(Marie krümmt sich plötzlich.)

(Beobachtet sie skeptisch.) Musst du vielleicht auf die Toilette?

MARIE. Nein! Außerdem bin ich alt genug, um zu wissen, wann ich aufs Klo muss.

(Erneut krampft sich ihr Körper zusammen.)

MUTTER. Es sieht trotzdem so aus, also ob du/

MARIE. /Ich muss los.

MUTTER. So früh?

MARIE. Ja … hab noch … Klassensprechertreffen vor der ersten Stunde.

(Geht schnell ab.)

20.

SARAH. Die Laune von der Bruttschner war ja heute unterirdisch.

OLAF. Ja, hätte auch nicht gedacht, dass das … noch schlimmer werden könnte.

MARIE. Und wie sie uns die ganze Zeit gemustert hat.

OLAF. Ja, das war seltsam.

SARAH. Als ob sie nach etwas suchen würde.

MARIE *(für sich)*. Die Augen der Bruttschner tasteten jeden Einzelnen von uns ab. Nun war ich dran. Sie starrte mich an. Wie ein Raubtier, das nur auf ein Zucken von mir wartete, um an meine Kehle zu springen. Ich versuchte, so harmlos auszusehen, wie es nur ging. Doch ihr eisiger Blick blieb bei mir. Ich schaute weg. Langsam. Nur nicht hektisch werden. Die Bruttschner kam auf mich zu. Jetzt hatte sie mich! Sie blieb eine Reihe vor mir stehen … riss Olafs Heft an sich, blätterte darin herum und knallte es wieder auf seinen Platz. Für eine Sekunde dachte ich: Sie hat mich durchschaut; sie weiß, wer es war.

SARAH. Sie war damit so beschäftigt, dass sie glatt vergessen hat, mich zu schikanieren.

OLAF. Keine Angst … das fällt ihr bestimmt nächste Stunde wieder ein.

MARIE. Vielleicht hört sie jetzt aber auch auf damit.

OLAF. Warum sollte sie?

MARIE. Na ja, kann ja sein, dass es ja eine Protestgeste gab.

SARAH. Wie sollte die ausgesehen haben?

MARIE. Weiß nicht.

SARAH. Was meinst du mit »Protestgeste«?

MARIE. Was Krasses.

SARAH. Und was sollte das sein?

MARIE. Keine Ahnung. Irgendwas, damit sie merkt, dass sie so nicht mit uns umgehen kann.

OLAF. Nee, die Bruttschner ist unbelehrbar.

SARAH *(lacht höhnisch)*. Wahrscheinlich gibt sie in der nächsten Stunde allen eine Sechs.

MARIE. Ja, sofort und ohne Abfragen.

SARAH. Zuzutrauen wär ihr das.

OLAF. Dann werd ich aber mit meinem Vater reden.

MARIE. Wartet ab, vielleicht hört sie auf, uns zu quälen.

OLAF. Marie, sei nicht so naiv.

SARAH. Die Welt ist schlecht. Früher oder später wirst auch du das begreifen.

21.

Marie schreibt auf ihrem Laptop.

SUNRAIN. Das war die krasseste Aktion meines Lebens. Ich hab die ganz Zeit gedacht, ich mach mir in die Hose. Doch ich hab's bis zur Eingangstür geschafft. Hatte irre Angst, dass Bruttschner mich erwischt. Hockte mich schnell über die Fußmatte – sofort kam es raus … Zog meine Hose hoch und rannte weg.

NETBOY. Schlimmes Mädchen!

SUNRAIN. Ich hab gemacht, was du wolltest ._.

NETBOY. Eine, die so etwas macht, kann nicht mehr Klassensprecherin sein.

SUNRAIN. Hä? :-S

NETBOY. Tritt zurück!

SUNRAIN. Das ist nicht dein Ernst?! :-W

NETBOY. Tritt als Klassensprecherin zurück!

MARIE *(klappt ihren Laptop zu).* Was soll das? Woher weiß Netboy, dass ich Klassensprecherin bin? Davon hab ich ihm nie was geschrieben! Oder hat er das über das Internet rausbekommen? Aber warum will er, dass ich zurücktrete. Das mach ich nicht! Der kann mich mal. Ich chatte ab jetzt mit jemand anderem. *(Klappt ihren Laptop wütend auf; hat ein »Geschenk«-Symbol auf ihrem Monitor; klickt darauf. Ein Foto wird sichtbar. Auf diesem sieht man Marie, während der Aktion auf der Fußmatte von Frau Bruttschner.)*

Was ist das?! Ich fass es nicht. Da hat mich jemand fotografiert, als ich …

NETBOY. Rücktritt! – Oder die Bruttschner bekommt das Foto!!

22.

Marie wirft ihren Rucksack enttäuscht auf den Boden. Olaf und Sarah kommen dazu.

SARAH. Was sollte das?

OLAF. Wie konntest du das machen?!

SARAH. Einfach so … *(Lacht ungläubig.)*

OLAF. Ist es dir zu viel gewesen?

(Marie schüttelt den Kopf.)

SARAH. Hattest du mit jemand Ärger?

(Marie schweigt.)

OLAF. Warum wirfst du einfach hin?

(Marie zuckt mit den Schultern.)

SARAH. Du kannst dich doch nicht plötzlich melden und sagen, dass du als Klassensprecherin zurücktrittst …

OLAF. … wenn es gar keinen Grund dafür gibt!

MARIE. Es ist eben so.

OLAF. Was ist so?

MARIE. Dass man manchmal nicht den Grund versteht, warum jemand etwas tut.

OLAF. Ja, ich versteh's wirklich nicht.

SARAH. Die Überraschung des Jahres …

MARIE. Lasst mich zufrieden! Denkt ihr, ich hab das gerne gemacht?!

23.

Marie am Laptop.

SUNRAIN. :(Bin heute zurückgetreten.

NETBOY. Brav.

SUNRAIN. Weiß zwar nicht, was es dir bringt ... :-|

NETBOY. Du musst nicht alles wissen. Jetzt kannst du mir 200 Euro geben.

SUNRAIN. (@_@)

NETBOY. Das ist kein Witz.

SUNRAIN. Ich hab keine 200 Euro. Und wenn, würde ich sie dir bestimmt nicht geben :-P

NETBOY. Kannst du mit den Folgen leben? *(Ein weiteres Foto erscheint auf dem Bildschirm. Es ist eine Vergrößerung von Maries Protestaktion.)*

MARIE. Nein, da sieht man ja sogar ... Das Bild darf niemand sehen!

SUNRAIN. Du darfst das Bild *niemandem* zeigen!!!!!!!!!!!!!!!!!!!!!!!!!!!!!!!!!!!!!!!

NETBOY. Dann zahl!

SUNRAIN. Aber ich hab nicht so viel Geld. Ehrlich!

NETBOY. Pech gehabt.

SUNRAIN *(schaut auf ihr Sparbuch und durchsucht ihr Zimmer nach Geld)*. Habe 92 Euro. Wo soll ich die hinschicken?

NETBOY. 200 Euro – keinen Cent weniger.

SUNRAIN. Ich hab nicht mehr!!!!!!!!!!!!!!!!!!!!!!

NETBOY. Dann besorg dir den Rest.

SUNRAIN. Das ist Erpressung!

NETBOY. Hör auf zu heulen! Steck das Geld in eine blaue

Tüte. Die legst du in den Mülleimer an der Haltestelle Borsigstraße.

SUNRAIN. Wie kommst du plötzlich hier in die Borsigstraße?

NETBOY. Wieso ich? Habe für so was meine Helfer.

SUNRAIN. Wer soll das sein?

NETBOY. Es gibt noch mehr Kafka-Fans.

SUNRAIN. :-@ Dein Kafka-Gesülze kannst du vergessen! *(Wartet; aber es kommt keine Reaktion.)* Warum machst du das?

NETBOY. Heute Abend – 21 Uhr – muss das Geld dort sein.

SUNRAIN. Das schaff ich nicht!

NETBOY. Entweder du zahlst – oder das Bild geht raus.

SUNRAIN. Du wohnst gar nicht in der Schweiz, stimmt's?!

24.

MARIE *(geht zu einem Versteck in der Wohnung; achtet darauf, dass ihre Mutter sie nicht sieht, und nimmt 110 Euro aus dem Versteck; steckt diese mit ihrem Geld zusammen in eine blaue Tüte; nimmt ihren Rucksack)*. Ich muss noch mal weg.

MUTTER (*aus dem Off*). Warum?

MARIE. Ich will mit Sarah lernen.

MUTTER. So spät?

MARIE. Sie konnte nicht vorher.

MUTTER. Macht das doch lieber morgen.

MARIE. Nee, wir müssen das heute lernen. Vielleicht schreiben wir morgen schon einen Test darüber.

MUTTER. Müsst ihr das immer auf den letzten Drücker machen? Ich will nicht, dass du so spät noch unterwegs bist.

MARIE. Es ist jetzt halb neun.

MUTTER. Eben. Und bis ihr dann fertig seid. – Das ist viel zu spät für dich, um unterwegs zu sein.

MARIE. Ich muss das machen!

MUTTER. Dann fahr ich dich zu Sarah. Und ihre Eltern sollen dich zurückfahren.

MARIE. Ich brauch keinen Babysitter! Ich mach das alleine! *(Läuft schnell mit ihrem Rucksack raus.)*

25.

MARIE *(lauert an einer Ecke und beobachtet aus der Ferne den Mülleimer der Bushaltestelle; ihr Handy klingelt; schaut auf das Display).*

Oh nein, Mama … ich kann hier nicht weg. *(Drückt den Anruf weg.)*

Ich muss sehen, wer das Geld abholt. Bestimmt kenne ich ihn. Wer steckt bloß hinter dem Namen – Netboy? Vielleicht ist es Tim aus der 9b? Der hat bei dem Klassensprecher-Treffen zu allem, was ich gesagt habe, immer blöde Sprüche gemacht. Vielleicht wollte der, dass ich nicht mehr Klassensprecherin bin. Oder es ist jemand aus meiner Klasse, der dringend Geld braucht? Oder Olaf, weil ich nicht mit ihm …? Wer will sich so an mir rächen?

(Das Handy klingelt erneut.)

(Geht diesmal ran.) Hallo, Mama. Ja, ich weiß wie spät es ist. Nein, es dauert noch etwas. Wir sind am Lernen. Nein, du sollst mich nicht mit dem Auto abholen. Was, du stehst in 20 Minuten vor Sarahs Tür?! Nein! *(Schaut auf ihr Handydisplay – anscheinend hat ihre Mutter aufgelegt.)* Shit!

(Sieht noch einmal Richtung Mülleimer; rennt dann weg.)

26.

Schulhof.

MARIE. Hast du jetzt das, was du wolltest?
OLAF. Was?
MARIE. Bist du endlich glücklich?!
OLAF. Keine Ahnung … was du meinst …
MARIE. Ich hab heute Morgen nachgeschaut. Im Mülleimer.
(Olaf starrt sie an.)
(Starrt zurück.) Das Geld war nicht mehr da.
OLAF. Wovon redest du?
MARIE. Das weißt du!
OLAF *(ironisch)*. Wenn du es sagst …
MARIE. Jetzt tu nicht so!
OLAF. Du musst schon sagen, was du willst.
MARIE. Ich weiß, dass du Geldprobleme hast!
OLAF. Wer hat die nicht …?!
MARIE. Lange noch kein Grund, jemanden zu erpressen.
OLAF. Was?! Spinnst du! Ich erpresse niemanden.
MARIE. Ach nein?!
OLAF. Nein, bestimmt nicht!
MARIE. Wie nennst du es dann? Rache?
OLAF. Rache? Wofür?
MARIE. Weil du nicht das bekommen hast, was du gerne möchtest.
OLAF. Was will ich denn?
(Beide starren sich an.)
MARIE. Das weißt du genau!
OLAF. Ich weiß, dass du mir auf die Nerven gehst! Was machst du mich hier so blöd an?!

MARIE. Ich mach dich nicht an! Das hättest du wohl gerne. *(Schweigen.)*

OLAF. Du bist so ein Arsch! Was willst du von mir?!

MARIE. Dass du endlich die Wahrheit sagst!

OLAF. Wovon, verdammt noch mal, sprichst du?!

MARIE. Wer bist du?

OLAF. Wer ich bin?! Hast du 'nen Knall? Du weißt, wer ich bin.

MARIE. Also, gibst du es endlich zu?!

OLAF. Was? WAS?

MARIE. Dass DU dahintersteckst!

OLAF. Du hast sie nicht mehr alle! Du bist total bescheuert! ... Rache? ... Erpressung? Was für eine Scheiße erzählst du hier über mich? ... Du spinnst! Du spinnst total!!! *(Rennt weg.)*

27.

MARIE *(öffnet ihren Laptop; denkt kurz nach und entscheidet sich dann; loggt sich bei »MeetYou« ein, klickt dann auf »Profil löschen«; wird noch einmal gefragt: »Profil* SUNRAIN *tatsächlich löschen?« – löscht das Profil).* So, das war's. Jetzt kann er mich nicht mehr erpressen. Hab genug von Nicknames und Leuten, die sich dahinter verstecken.

MUTTER *(aus dem Off).* Marie?!

MARIE. Ja, Mama.

MUTTER *(kommt mit dem »Geld-Versteck-Buch« in den Raum).*
Hast du Geld aus unserem Versteck genommen?

MARIE. Geld?

MUTTER. Ja, es fehlen 110 Euro.

MARIE. Ach ja? Mhm, seit wann denn?

MUTTER. Als ich eben etwas Bargeld brauchte, ist es mir aufgefallen.

MARIE. Seltsam.

MUTTER. Also, du warst es nicht?

MARIE. Warum sollte ich 110 Euro wegnehmen?

MUTTER. Dann kann es nur die Putzfrau gewesen sein.

MARIE. Die Putzfrau, die ... aber ...

MUTTER. Ja, das Geld war ja nicht im Geldbeutel. Da hätte es auch noch jemand anderes rausnehmen können. Von *dem* Versteck wissen nur wir beide.

MARIE. Stimmt.

MUTTER. Wahrscheinlich hat sie beim Putzen zufällig das Geld entdeckt. – Und gedacht, wir merken nichts.

MARIE. Meinst du?

MUTTER. Sie wird vermutlich nicht zugeben, dass sie es genommen hat. Und wir können es ihr nicht beweisen.

MARIE. Ja, so sieht's aus.

MUTTER. Ich werde sie entlassen müssen.

MARIE. Das kannst du nicht machen!

MUTTER. Das muss ich machen. Woher weiß ich, dass sie das nicht wieder macht?

MARIE. Wir suchen ein neues Versteck. Das findet sie nicht.

MUTTER. Marie, das hat keinen Sinn. Ich möchte nicht jedes Mal nachschauen müssen, ob sie wieder etwas gestohlen hat.

MARIE. Aber solange sie es nicht findet, kann sie auch nichts wegnehmen.

MUTTER. Wenn sie das Versteck gefunden hat, findet sie auch jedes andere.

MARIE. Vielleicht war sie in Not und hat genau diesen Betrag gebraucht. Und nimmt jetzt gar kein Geld mehr.

MUTTER. Wer einmal so etwas tut, kann das auch jederzeit wieder machen.

MARIE. Wir müssen ihr noch eine Chance geben!

MUTTER. Mein Vertrauen ist weg. Ich kündige ihr.

28.

MARIE. Olaf!

OLAF. Was willst du?

MARIE. Es tut mir leid.

(Schweigen.)

Ich dachte, du … Du hast mir nicht in den letzten Wochen … oder?

OLAF. Fängst du schon wieder damit an?

MARIE. Nein. Nein, ich frag mich nur …?

OLAF. Ich hab nichts mit Erpressung zu tun.

MARIE. Okay.

OLAF. Ja, ich hab Geldprobleme. Aber wie kannst du so was von mir denken?

MARIE. War blöd von mir.

OLAF. Um was ging's da überhaupt?

MARIE. Nicht so wichtig.

OLAF. Ach ja? Klang gestern aber anders.

MARIE *(unsicher)*. Egal.

OLAF. Aus dir soll mal einer schlau werden.

MARIE. Ich hatte Stress. Ich glaub … jetzt ist es vorbei …

OLAF. Was?

MARIE. Das fing so toll an. Aber dann … Alles ist plötzlich anders! Ich weiß überhaupt nicht, warum?! Ich komm da nicht mehr mit …

(Schweigen.)

Es geht um jemanden … der eigentlich jemand anderes ist.

OLAF. Wie meinst du das?

MARIE. Jemand, der zwei Gesichter hat.

OLAF *(denkt an Jack)*. … Kenn ich. – Also, ich erpress niemanden! – Aber ich denk, ich weiß, was du meinst … jemand redet jetzt so mit dir … und wenn man ihn nicht sieht …

MARIE. … gibt er sich als jemand anderes aus.

OLAF. Und mit dem anderen Namen ist er ein anderer Mensch …

MARIE. Sagt dir das was?

OLAF. Glaub schon.

MARIE. Und wie findest du das?

OLAF. Na ja, es ist nur ein Spiel.

MARIE. Krasses Spiel.

OLAF. Nicht, wenn es sonst keiner mitbekommt.

MARIE. Du bist echt seltsam.

OLAF. Du auch.

(Stille.)

Dieser Typ mit dem zweiten Gesicht … erpresst der dich jetzt?

MARIE. Nein. Es gibt keinen … Das hab ich erfunden.

OLAF. Warum?

MARIE. Ich wollte nur sehen, wie du auf so was reagierst.

OLAF. Du hast vielleicht 'n Knall!

MARIE. Na und?! – Wo bleibt Sarah bloß? Hab das Gefühl, dass sie uns in letzter Zeit aus dem Weg geht.

OLAF. Vielleicht fragst du sie ja auch dauernd merkwürdige Sachen?!

(Schweigen.)

Warum wollest du … dass Sarah und ich … uns küssen?

MARIE. Das wollte ich nicht. Nein. ICH wollte das bestimmt nicht.

OLAF. Ach ja?! Kam aber so rüber.

MARIE. Das war … das war nicht meine Absicht.
(Schweigen.)

OLAF. Dann hab ich das damals … wohl falsch verstanden.

MARIE. War was zwischen euch?

OLAF. Nein, nicht so … also nicht so, wie du denkst. Wir haben am Photoshop-Programm gearbeitet … und dann … ach doof … vergiss es.

MARIE. Was soll ich vergessen?
(Schweigen.)
Ihr habt …?

OLAF. War ziemlich … bescheuert … und seitdem ist es … schwierig, wenn wir uns sehen.

MARIE. Verstehe.

OLAF. Dachte, du wüsstest das längst von Sarah.

MARIE. Na ja, so in etwa … hab's mir eh gedacht. *(Bekommt eine SMS; schaut auf ihr Handy; liest leise.)* Du kannst mich nicht verlassen. ;-) Netboy

OLAF *(schielt auf Maries Display, um den Text lesen zu können).*
Wusste gar nicht, dass du … mit jemandem zusammen bist.

MARIE. Mit *dem* bin ich nicht zusammen!

OLAF. Das sieht *er* wohl anders.

MARIE. Woher hat der überhaupt meine Handynummer?

OLAF. Weil du sie ihm gegeben hast?

MARIE. Nein! Bestimmt nicht!

OLAF. Er schreibt dir, dass du ihn nicht verlassen kannst …

MARIE. Ich fass es nicht!

OLAF. Also, wart ihr doch zusammen?!

MARIE. Ich kenn ihn überhaupt nicht!!!

OLAF *(lacht zynisch).* Aha.

MARIE. Auf jeden Fall nicht richtig. Nur so von … aber …

OLAF. Schon klar.

MARIE. Keine Ahnung, wie er an meine Nummer gekommen ist. Scheiße! Ich versteh überhaupt nichts mehr!

OLAF. Was gibt's da nicht zu verstehen? Er ist in dich verliebt.

MARIE. Quatsch! Der will was ganz anderes!

OLAF *(interpretiert Maries Nervosität falsch; geht wütend weg, reißt dabei alles herunter und tritt gegen alles, was ihm auf seinem Weg begegnet, schreit)*. Ahhhh, verdammt!

(Als Jack.) Hey, Olaf, was ist los?

(Als Olaf.) Sie … Marie … sie … jetzt weiß sie … eigentlich wollte ich das nicht sagen.

(Als Jack.) Du bist zu nett zu ihr.

(Als Olaf.) Ja, vielleicht.

(Als Jack.) Frauen stehen mehr auf Arschlöcher.

(Als Olaf.) Tun sie das?

(Als Jack.) Du sollest ihr mal eine Lektion erteilen.

(Als Olaf.) Meinst du?

29.

Marie kommt nach Hause.

MUTTER. Da bist du ja endlich.
MARIE. Hallo.
MUTTER. Wo hast du so lange gesteckt? Ich muss gleich los.
MARIE. Mhm.
MUTTER. Essen steht auf dem Herd.
MARIE. Was gibt's …?
MUTTER. Thunfisch mit/
MARIE. /Bähh.
MUTTER. Seit wann hast du etwas gegen Thunfisch?
MARIE. Total eklig.
MUTTER. Neulich hast du noch sämtliche Thunfischdosen, die wir im Schrank hatten, an einem Abend/
MARIE. /Das war was anderes.
MUTTER. Dann iss wenigstens etwas von/
MARIE. /Hab keinen Hunger.
MUTTER. Hast du bei Sarah gegessen?
MARIE. War nicht bei Sarah.
MUTTER. Wo warst du dann?
MARIE. Unterwegs.
MUTTER. Hast du dich mit einem Jungen getroffen?
(Marie stöhnt genervt.)
Marie?!
MARIE. Warum sollte ich?!
MUTTER. Ich meine nur … hätte ja sein können. Na, sonst hockst du jeden Nachmittag vorm Computer.
MARIE. Na und?

MUTTER. Ist dein Notebook kaputt?

MARIE. Warum?

MUTTER. Weil du es seit Tagen nicht mehr benutzt hast.

MARIE. Keine Lust.

MUTTER. Aha. Und auf was hast du so Lust?

MARIE. Was soll die blöde Fragerei?

MUTTER. Vielleicht gibt es ja doch einen Jungen, für den du dich interessierst.

MARIE *(stöhnt)*. Ohhh echt! Wenn ich am Computer bin – stört es dich. Und wenn ich nicht am Computer bin – stört's dich auch.

MUTTER. Also, falls du dich mit einem Jungen triffst, solltest du wenigstens/

MARIE. /Lass mich in Ruhe mit deinem »Jungen«! *(Rennt weg.)*

MUTTER. Ich möchte nur, dass du weißt … Was mache ich nur mit ihr?! Sie isst nichts, hört mir nicht zu, rennt einfach weg … Wie soll das denn weitergehen?! *(Schaut auf die Uhr.)* Oh, Gott, ich muss los! *(Ab.)*

30.

Marie ruft ihren Vater per Skype an. Auf dem Bildschirm sieht man ihren Vater, der Sachen in zwei unterschiedliche Kartons sortiert.

MARIE. Hallo.

VATER. Hey, Marie. Schön, dass du dich doch meldest.

MARIE *(deutet mit dem Kinn auf die Kartons)*. Du packst ja immer noch …

VATER. Ich sortiere ein paar Dinge aus. Ich werde in Berlin ein kleineres Arbeitszimmer haben. Da ist es besser, wenn ich mich von ein paar Sachen trenne.

MARIE. Manchmal kann man sich nicht mehr von etwas trennen. Auch wenn man es gerne möchte.

VATER. Ja, das kenne ich.

MARIE. Ich wusste nicht, dass das so läuft. Dass es so weit kommt.

VATER. Tja, das wissen wir vorher meistens nicht.

MARIE. Ich versteh das Spiel nicht.

VATER. Das ist kein Spiel. Leider, Marie. Klar, dass das hart für dich ist.

MARIE. Was soll ich bloß machen?

VATER. Du kannst immer zu mir kommen. Das weißt du.

MARIE. Du … Papa … ich glaube … meine Aktion, die … war nicht so toll.

VATER. Hey, davon geht die Welt nicht unter.

MARIE. Ich wollte nicht, dass es Ärger gibt. Nur deshalb bin ich … Und Mama glaubt …

VATER. Ach, so schlimm war das nicht.

MARIE. Das sagst du so.

VATER. Wir holen das gemeinsame Wochenende einfach nach.

MARIE. Darum geht's nicht.

VATER. Ich bin immer für dich da.

MARIE. Auch, wenn ich …

(Bekommt eine SMS; liest.) Marie, wer hätte das gedacht?! Wahnsinn!!

(Für sich.) Was meint die denn?

VATER. Egal, was ist. Ich bin nicht aus der Welt. Ich bin nur in Berlin.

MARIE. Ja, aber …

(Erneut gibt es einen SMS-Klingelton.)

(Liest.) Marie, bist du das wirklich? Olaf.

(Für sich.) Was will er damit sagen?

VATER. Du kannst uns so oft besuchen, wie du willst.

(Es klingelt.)

MARIE. Wart mal kurz. Ich muss schauen, wer geklingelt hat. *(Kommt mit Sarah zurück in den Raum.)* Ich skype gerade mit meinem Vater.

SARAH *(zur Kamera)*. Hallo.

VATER. Hallo, Sarah. Lange nicht gesehen.

SARAH. Oh, das sieht aber leer bei Ihnen aus.

VATER. Ja, ich ziehe um. Nach Berlin. Morgen früh geht's los.

(Sarah und Marie wechseln Blicke.)

MARIE. Sollen wir nachher noch mal skypen?

VATER. Nein, da bin ich mit Sabine … Warte kurz! Ich will dir etwas zeigen. Eben hab ich eine alte Zeichnung von dir gefunden. Die musst du dir unbedingt anschauen! Redet ruhig weiter, ich hab sie bestimmt gleich!

(Wieder ein SMS-Klingelton von Maries Handy.)

MARIE *(schaut auf ihr Handy-Display)*. Was ist denn heute los?
(Liest.) Du bist eine Sau!
Was? Was geht hier ...? Ich versteh überhaupt nicht, was die vielen SMS sollen.

SARAH. Vielleicht hat es was mit dem Foto bei »MeetYou« zu tun.

MARIE. Was für ein Foto?

SARAH. Von dir.

MARIE. Ich hab mein Profil bei »MeetYou« gelöscht.
(Erneut eine SMS. Marie liest die SMS und schüttelt den Kopf.)

SARAH. Aber wir haben alle ein Bild von dir gesendet bekommen.

MARIE. Wie kann das sein? Wenn ich doch alles gelöscht hab.

SARAH. Vielleicht kam es ja auch von jemand anderem. Aber du bist darauf zu sehen. Es ist ziemlich krass.
(Marie schaut zu ihrem Vater rüber. Der wühlt weiter in seinen Kartons, scheint dabei aber unauffällig zuzuhören.)

MARIE. Aha.

SARAH *(versteht Maries warnenden Blick bezüglich ihres Vaters)*. Na ja. Wird halt irgendjemand anderes reingestellt haben.

MARIE. Ja, wahrscheinlich.

SARAH. Der hat sich wahrscheinlich nur einen Spaß erlaubt.

MARIE. Bestimmt.

SARAH. Unter dem Bild stand: Erpelerstraße 11 – Haustür von Frau Bruttschner.

MARIE. Nein.

SARAH. Doch. Also, keine Ahnung, ob das wirklich ihre Haustür ist. Aber es steht unter dem Bild.

MARIE. Ja?!

SARAH. Und man sieht dich – und die Fußmatte – und das, was da gerade kommt.
(Marie schweigt.)
Das ist ein Fake, oder?
(Marie schweigt.)
Als ich das gesehen habe, dachte ich erst: Ihhh, was macht Marie da?! Aber dann konnte ich nicht glauben, dass du wirklich … Das Bild hat bestimmt jemand mit Photoshop gemacht, oder?!
(Marie verbirgt ihr Gesicht.)
Anderseits sieht es so echt aus. Deshalb war ich mir nicht sicher. Aber du würdest so was nie machen, oder?
(Marie erhält eine neue SMS.)

MARIE. Das hört gar nicht mehr auf. *(Blickt nur noch kurz auf das Display.)* Und alles wegen …

SARAH. Schätze, dich hat ein Shitstorm erwischt.

MARIE *(leise)*. Bitte nicht. Bitte nicht. Bitte nicht.

SARAH. Hast du wirklich der Bruttschner auf die Fußmatte –

VATER. Marie, was ist mit deinem Handy los?

MARIE *(kämpft gegen die Tränen)*. Wie?

SARAH. Seit wann bekommst du so viele SMS?

MARIE. Das ist … nur im Moment so.

SARAH. Oder es ist erst der Anfang.

MARIE. Dann mach ich meinen Computer erst gar nicht mehr an.

SARAH. So ein Shitstorm kann dauern.

VATER. Was bitte ist ein Shitstorm?

SARAH. Das ist wie ein Tsunami. Eine riesige Welle überrollt dich. Eine Welle aus …

MARIE. … shit. *(Vergräbt ihren Kopf verzweifelt hinter den Armen.)*

(Sarah schaut unsicher zwischen ihr und dem Vater hin und her.)

31.

Marie steht auf dem Schulhof. Olaf sieht sie, zögert kurz und geht dann weiter.

SARAH *(kommt zu Marie)*. Hallo.
MARIE. Danke.
SARAH. Warum »danke«?
MARIE. Dass du mit mir sprichst.
SARAH. Ist doch klar, ich bin deine Freundin.
MARIE. Nee. Klar ist nur, dass ich die »Scheiß-Marie« bin. Alle lachen über mich.
SARAH. Ach, lass sie.
MARIE. Alle – echt alle – haben dieses blöde Bild von mir gesehen. Und jetzt verarschen sie mich … »Ohhh, was kommt denn da … Marie kann es nicht mehr bei sich behalten … Achtung, Fußmatte!«
SARAH. Das wird vorbeigehen.
MARIE. Ja, wenn ich von der Schule fliege.
SARAH. Noch ist nichts entschieden, oder?
MARIE. Vor der ersten Stunde wurde ich zum Direktor geschickt. Die Bruttschner war bei ihm. Gesagt hat sie nichts. Aber sie hat mich angestarrt, als wollte sie mich umbringen.
SARAH. Und?
MARIE. Ich wurde sofort vom Unterricht ausgeschlossen. Heute Nachmittag ist die Konferenz.
SARAH. Meinst du, sie schmeißen dich von der Schule?
MARIE. Keine Ahnung. Aber ich will eh nicht mehr bleiben.
SARAH. Marie, jetzt mach keinen … Natürlich bleibst du bei uns.

MARIE. Nein. Die machen mich hier alle fertig. Das halt ich nicht aus.

SARAH. Jetzt wart erst mal ab, wie die Konferenz ausgeht. Und dann kannst du das später noch entscheiden.

MARIE. Ich denke immer, das ist ein Albtraum. Gleich wach ich auf, und es ist alles wie früher. Aber ich wach nicht auf. Es geht ständig weiter. Es wird schlimmer und schlimmer … *(Bricht weinend zusammen.)*

SARAH *(tröstet sie)*. Hey … nicht weinen. Das wird schon wieder.

MARIE. Nein, das wird nie … nie, nie mehr, wie es war. Ich kann nicht mehr. Ich mach Schluss damit!

SARAH. Marie … hey, Marie … Du bist doch meine Freundin. Wir schaffen das!

MARIE. Nein … Ich bring mich …! Dann ist endlich Ruhe.

SARAH. So was darfst du nicht sagen. So was darfst du noch nicht mal denken!

MARIE *(beruhigt sich wieder)*. Warum hab ich das bloß gemacht?! Ich schäm mich so.

SARAH. Die Aktion war super – nur das Foto war eine blöde Idee.

MARIE. Denkst du, ich hab das gewusst?! Im Leben nicht! Dann hätte ich das nie gemacht!

SARAH. Du wusstest nicht, dass …?

MARIE. Ich hab ihn nicht gesehen. Er muss sich versteckt haben. In dem Hof war ein Gebüsch. Wahrscheinlich war er dadrin. Ich hab nicht lange geschaut, weil ich Angst hatte, die Bruttschner kommt gleich zur Tür raus. Er hat auf mich gewartet.

SARAH. Wer?

MARIE. Netboy. Er muss es von Anfang an geplant haben.

32.

Marie sitzt mit ihrer Mutter vor dem Lehrerzimmer. Sie warten angespannt.

MUTTER. Weißt du, wie lange so eine Konferenz dauern kann?
(Marie zuckt mit den Schultern. – Schweigen.)
Die reden jetzt schon so lange. Dich haben sie nur kurz angehört.
(Schweigen.)

MARIE. Als ich dich heute angerufen hab ... wegen der Konferenz ... du hast gesagt, dass du kommst. Dass du dir freinimmst und sofort kommst.

MUTTER. Ja.

MARIE. Aber du hast gar nicht gefragt, worum es geht.

MUTTER. Ja?

MARIE. Warum hast du nicht gefragt?

MUTTER. Ich hatte das Foto schon gesehen.

MARIE. Was?

MUTTER. Beate hat es mir auf ihrem Handy gezeigt. Sie wollte wissen, ob du das bist.

MARIE. Wie? Wie kommt deine Kollegin an das Foto?

MUTTER. Ihre Tochter geht in deine Parallelklasse.

MARIE. Du hast davon nichts gesagt. Hast nicht mit mir geschimpft?! Hast mich nicht angeschrien?!

MUTTER. Marie ... das ist alles schon schlimm genug. Erklären kannst du mir das später. Jetzt müssen wir zusammenhalten, oder?
(Schweigen.)
Ist das ein gutes oder schlechtes Zeichen, wenn die Lehrer so lange reden?

(Marie hebt unsicher die Schultern.)

(Über die Tonanlage hört man leise einen Gesprächsausschnitt der Konferenz.)

LEHRER 1. Wenn wir jetzt nicht konsequent handeln, sind wir als Lehrer völlig unglaubwürdig.

LEHRER 2. Aber was heißt denn »konsequent«?

LEHRER 3. Gerade Sie beschweren sich sonst immer, dass die Schüler nur noch wie stumme Fische dasitzen. Jetzt teilt jemand mal seine Empfindungen mit/

LEHRER 1. /Unter »sich mitteilen«, verstehe ich andere Formen!

LEHRER 3. Ja, aber anscheinend war es in den Chemiestunden nicht möglich, das zu vermitteln, und deshalb …

LEHRER 4. … hat Marie sich mal »richtig ausgedrückt«. *(Einige lachen.)*

LEHRER 5. Sehr witzig, Herr Kollege. Fragt sich nur, ob Sie auch noch so lachen, wenn Sie eines Morgens die Haustür öffnen und dann »so etwas« sehen.

LEHRER 3. Die Tat ist der eine Aspekt. Aber wir müssen auch berücksichtigen, dass Marie dazu angestiftet wurde.

LEHRER 1. Das kann doch auch eine Schutzbehauptung von ihr sein.

LEHRER 2. Kann man das nachweisen mit diesem »Internetchat«?

OLAF *(kommt zum Lehrerzimmer)*. Hallo.

MARIE. Wirst du auch befragt?

OLAF. Nein. Wollte nur mal schauen, ob sie schon fertig sind.

MARIE. Noch nicht.

OLAF. Deine Mutter?

MARIE. Ja.

OLAF *(zur Mutter).* Tag.

MUTTER. Guten Tag.

OLAF. Ich hab gehofft … von meinem Vater schon mal was zu erfahren.

MARIE. Der ist noch drin. Wie alle.

OLAF. Mein Vater wird sich bestimmt für dich einsetzen.

MARIE. Ob das reicht?

(Schweigen.)

Dauert ziemlich lange.

OLAF. Vielleicht kommen sie zu keinem Ergebnis. Dann vertagen sie die Entscheidung.

MUTTER. Geht das in dem Fall?

OLAF. Keine Ahnung.

33.

Schulhof.

SARAH. Marie! Wie ist es gelaufen?

MARIE. Ich hab eine »offizielle Verwarnung« bekommen.

SARAH. Aber du bist nicht von der Schule geflogen. Da hast du Glück gehabt! Haben sie dich einfach so gehen lassen?

MARIE. Als Strafe darf ich bei der Klassenfahrt nach England nicht mitfahren. Und ich muss die nächsten Monate jeden Samstag mit dem Hausmeister den Schulhof reinigen.

SARAH. Na ja … irgendwas mussten sie ja machen. Aber damit bist du gut weggekommen.

MARIE. Findest du? Dauernd machen irgendwelche Schüler Stöhn-Geräusche, wenn sie mich sehen. Und kneifen die Beine zusammen, als ob sie auf die Toilette müssten.

SARAH. Ignorier sie. Schau irgendwo anders hin.

MARIE. Mach ich ja. Nur weiß ich nicht mehr, wohin ich überhaupt noch schauen kann.

SARAH. Die kriegen sich irgendwann wieder ein.

MARIE. Hoffentlich. Ich weiß nicht, ob ich das sonst durchhalte. Manchmal denke ich, es wäre am besten, wenn ich von der Brücke …

SARAH. Du spinnst wohl!
(Schweigen.)
Hast du dein Englisch-Referat geschrieben?

MARIE. Nein.

SARAH. Wir haben nur zwei Tage Zeit dafür.

MARIE. Wenn du willst, können wir das heute Nachmittag bei dir zu Hause machen.

SARAH. Das geht nicht.

MARIE. Warum?

SARAH. Meine Eltern wollen das nicht.

MARIE. Dass wir zusammen Englisch-Hausaufgaben machen?

SARAH. Dass du zu uns nach Hause kommst.

MARIE. Aber ich war doch schon so oft …

SARAH. Sie haben von der Sache mit dem Foto gehört. Sie meinen, du wärst ein zu schlechter Umgang für mich. *(Geht weg.)*

MARIE. Schlechter Umgang? … Ich … schlecht …? … Ich bin schlecht für andere … Ich bin schlecht?

34.

Marie sitzt zu Hause vor einer großen Kiste mit Medikamenten. Sie sucht darin nach bestimmten Tabletten. Als sie diese nicht findet, schaut sie sich nach einem Seil um. Dabei entdeckt sie ein Verlängerungskabel. Während sie nach einer Möglichkeit sucht, das Kabel an der Decke festzumachen, bricht sie weinend zusammen.
Es klingelt. Marie weint weiter.
Es klingelt immer wieder. Bis Marie aufsteht und rausgeht. Sie kommt zusammen mit Olaf zurück. Marie setzt sich auf den Boden, mit dem Rücken zu Olaf.

OLAF *(steht hilflos im Raum)*. Du hast auf keine meiner SMS reagiert …
MARIE. Das Handy ist aus.
OLAF. Wusste nicht, wie ich dich sonst …
MARIE. Kann das Handy nicht mehr benutzen.
OLAF. Warum nicht?
MARIE. Der Shitstorm.
OLAF. Verstehe.
MARIE. Der hört nicht auf.
OLAF. Du brauchst eine neue Handynummer.
MARIE. Dann geht es damit weiter.
OLAF. Die gibst du nur ganz wenigen Menschen.
MARIE. Woher weiß ich, wem ich sie geben kann?
OLAF. Mir kannst du sie geben.
MARIE. Ja?
OLAF. Natürlich.
MARIE. Nein. Nein, ich weiß nicht mehr, wem ich trauen kann.

OLAF *(sieht die Medikamentenschachtel und das Verlängerungskabel).* Sag mal … sag mal, du wolltest nicht … Sag mal … SPINNST DU!

MARIE. Das ist vielleicht das Beste.

OLAF. WAS?!

MARIE. Ich kann nicht mehr.

OLAF. Das kannst du nicht machen! Nur weil so ein Idiot …

MARIE. Dann ist es endlich vorbei.

OLAF. NEIN! WARUM, VERDAMMT?! Du bist noch auf der Schule. Und der Shitstorm … Vergiss es!

MARIE. Das kann ich nicht. Alle erinnern mich daran.

OLAF. Die vergessen es auch … irgendwann …

MARIE. Wann? In zwei Jahren? In fünf Jahren?

OLAF. Wir finden das Arschloch/

MARIE. /Ich will nichts mehr damit zu tun haben.

OLAF. /und dann kommt er vor Gericht.

MARIE. /Ich will das nicht mehr.

(Schweigen.)

OLAF. Dann hätte er gewonnen.

MARIE. Gewinnen? Verlieren? Geht es darum?

OLAF. Weiß er, was er da macht mit dir?!

MARIE. Ich hab verloren. Alles verloren …

OLAF. … mich nicht.

(Marie lächelt schwach.)

Und diese »Fußmatten-Aktion«, na und?! Wir haben doch alle schon mal was gemacht, wofür wir uns total schämen.

MARIE. Aber das weiß nicht jeder. Und nicht jeder Mensch denkt daran, sobald du auftauchst. Wenn ich dich sehe, denk ich nur: Olaf. – Und nicht: Olaf, der auf die Fußmatte scheißt.

OLAF. Okay, wenn's das ist. Dann … Ich hab mich mal …

MARIE. Was?

OLAF. Ich saß im Bus. Den ganzen Tag hatte ich schon so ein komisches Gefühl im Bauch … Als ich auf dem Weg nach Hause war, merkte ich, dass ich aufs Klo muss. Kotzen. Und zwar sofort. Ich versuchte, an was anderes zu denken, bis 1000 zu zählen … aber die Krämpfe in meinem Bauch wurden immer schlimmer. Doch ich wusste: Nur noch eine Station, und ich hab's geschafft. Dann kam die Haltestelle, und ich ging schnell zur Tür. In diesem Moment … örrrggghh … kam es rausgeschossen. Da stand ich am Ausgang und meine Kotze lief die Scheibe runter. Der Busfahrer hatte die Tür nicht aufgemacht, weil an der Haltestelle ein Auto parkte. Ich dachte: Nur raus hier! Aber der Fahrer machte die verdammte Tür nicht auf. Und dann roch ich es. Und die Leute um mich herum, rochen es auch – und drehten sich angewidert weg. Sie riefen etwas zum Busfahrer. Am liebsten wäre ich versunken. In meiner eigenen Kotze versunken. Der Busfahrer brüllte mich an. Aber er machte endlich die Türen auf. Ich sprang raus. Lief zitternd nach Hause.

MARIE. Wow.

OLAF. Wenn du willst, kannst du jetzt jedes Mal, wenn du mich siehst denken: Olaf, der an die Scheibe kotzt.

MARIE. Und was ist dann passiert?

OLAF. Danach habe ich mich die ersten Tage nicht mehr getraut, in den Bus zu steigen. Hab mir Gründe ausgedacht, warum mich meine Eltern mit dem Auto zur Schule fahren müssen. Aber sie hatten bald keine Lust mehr dazu. Und ich musste wieder in den Bus.

MARIE. Und?

OLAF. Ich hatte das Gefühl, dass mich alle blöd angrinsen. Oder kichern, wenn sie mich sehen. Weiß gar nicht, ob sie das wirklich gemacht haben. Irgendwann war es mir egal.

MARIE. Aber es gab auch kein Foto davon.

OLAF. Du musst was tun … Lass ihn nicht gewinnen! Bitte! Selbst wenn er sich im Internet versteckt … Wenn du ihn bei der Polizei anzeigst, dann werden sie ihn aufspüren. Die haben Experten für so was.

MARIE. Und dann?

OLAF. Wird er dafür bestraft. Und alles, was damit zu tun hat, wird gelöscht.

MARIE. Gelöscht? Das kriegst du nicht mehr gelöscht. Die Leute haben es in ihrem Computer. Die haben es in ihrem Kopf.

35.

Lichtspot.

SARAH. Marie verlässt jetzt freiwillig unsere Schule. Mitten im Jahr. Sie zieht zu ihrem Vater nach Berlin. Dabei hatte ich so viel mit ihr vor. Von der selbstbewussten Klassensprecherin zum verspotteten Scheißerchen.
Letzte Woche kam sie plötzlich mit einer Glatze in die Schule. Sah heftig aus. Die in der Schule haben trotzdem nicht aufgehört, sie zu verspotten. Sie hat viel gelernt. Und ich auch. Das war schön. Da hätte man noch mehr ausprobieren können. Leider gibt sie jetzt schon auf.
(Nimmt ein Notebook aus ihrer Tasche.)
Aber vielleicht schicke ich ihren neuen Klassenkameraden mal ein Bild von Marie, das sie von einer ganz anderen Seite zeigt … Dann wissen die auch, warum Marie jetzt bei ihnen ist. Nur dass ich dann die Reaktionen nicht mehr so mitbekomme. Schade. Da würde mir was fehlen. Oder ich suche mir wieder jemanden von hier? Vielleicht ist es Zeit, dass jetzt jemand Neues mich kennenlernt. *(Mustert die Gesichter der Zuschauer; klappt dann ihr Notebook auf und drückt auf den Startknopf.)*
Ein schönes Gefühl, bestimmen zu können, wann das Spiel zu Ende ist – und wann es für jemand anderen beginnt.

Black.

ENDE

Anmerkungen

8,6f. *Hinter meinem Namen waren zwei Striche:* Das Führen einer Strichliste ist ein gängiges Verfahren zur Auswertung der Stimmen bei Klassensprecherwahlen.

10,3 *Notebook:* transportierbarer kleiner Computer mit aufklappbarem Bildschirm.

Skype: internetbasiertes Kommunikationsprogramm (Video-Konferenzen u.a.).

13,3 *MeetYou:* eine bekannte Webseite für Chats; anonyme Nutzernamen sind allgemein üblich.

13,20 *Payphone:* Vermutlich gemeint ist ein Song der Band Maroon 5 aus dem Jahr 2012.

13,21 *(y):* yes, Daumen hoch.

13,22 *boom:* Lautmalerei im Sinne einer emotionalen Explosion.

13,24–28 *Väter ... Freundinnen sind Schweine:* Wortspiel mit dem Song »Männer sind Schweine« der Band *Die Ärzte* aus dem Jahr 1998.

13,28 *:da:* schau hin, siehe.

13,29 *:tot::* ich sterbe.

14,13 *:-c:* enttäuscht, Daumen runter.

16,19 *Booklet:* Beiheft einer CD mit Texten.

17,4–7 *Der wahre Weg ... begangen zu werden:* Zitat aus Franz Kafkas *Beim Bau der Chinesischen Mauer.* Der Text wurde 1931 von Max Brod aus Kafkas Nachlass veröffentlicht.

17,20 *:-):* Lächeln.

18,15 *B2T:* (engl.) back to topic, ›zurück zum Thema‹.

19,16 *Photoshop:* Bildbearbeitungsprogramm.

20,5 *aus dem Off:* off: offstage; aus dem Nichts.

23,9–13 *Es ist nicht ... zur Entlarvung:* Zitat aus den Kafkas »Zürauer Zetteln«, eine Zettelsammlung mit Aphorismen (kurzen Sinnsprüchen).

23,27 *:-(:* Betrübnis.

24,14 *V:* (engl.) victory, ›Sieg‹.

25,6 *Kieker:* (norddt.) Fernglas, Fernrohr; jdn. auf dem Kieker haben: es auf jemanden abgesehen haben, jemanden misstrauisch beobachten.

27,18 *Toupet:* Teilperücke, Haarteil.

28,3 f. *Liebe ist ... in mir wühle:* aus einem Brief Kafkas an Milena Jesenka, 22. September 1920.

28,5 : O: Verwunderung.

28,11 :-/: Enttäuschung.

28,18 *Lol:* (engl.) *laughing out loud,* ›laut herauslachen‹.

28,28 ;->: »Aha! Sieh an!«

29,4 -->: siehe.

33,9 *Asthma:* chronische Lungenerkrankung, die zu Schwierigkeiten bei der Atmung führt.

36,6 :-!: im Sinne von: besondere Betonung.

36,12 *Lmao:* (engl.) *laughing my ass off,* ›sich den Arsch ablachen‹.

36,13 *Rotfl:* (engl.) *rolling on the floor laughing,* ›sich auf dem Boden rollen vor Lachen‹.

36,23 *Google Maps:* Online-Kartendienst mit vergrößerbaren Satellitenaufnahmen.

37,3 f. *Der Geist wird erst frei:* Zitat aus Kafkas *Beim Bau der Chinesischen Mauer* (vgl. Anm. zu 17,4–7).

40,6 f. *Nichtstun ist ... Dummheiten:* Zitat Kafkas, nicht genau zuzuordnen.

40,14 f. *Verbringe die Zeit ... keines da*: Franz Kafka, Tagebucheintrag vom 16. September 1920.

40,20 :-&: Fassungslosigkeit.

41,4 *_*: Schwärmen.

46,10 ._.: Scham.

46,13 :-S: sorry.

46,15 :-W: what?

48,8 @_@: Verwirrung.

48,11 :-P: Zunge rausstrecken.

49,8 :-@: Verärgerung.

51,4 *Display:* Bildschirm.

58,16 *SMS:* (engl. *short message service*) elektronische Kurznachricht.

66,2 *Tsunami:* Riesenwelle (nach Meeresbeben).

74,3 *bestimmten Tabletten:* vermutlich Schlaftabletten für einen Selbstmord durch Überdosis.

Unterrichtsanregungen

Netboy ist ein Stück, das wie *Creeps* (Uraufführung im Jahr 2000 in Hamburg) von Lutz Hübner Kritik an der Rolle der Medien übt und das aufgreift, was Jugendlichen zum Zeitpunkt der Aufführung der Bühnenwerke wichtig ist. Im Falle von *Netboy* sind Chats, soziale Medien und elektronische Kommunikation Themen, die die Jugendlichen früh interessieren und viele Eltern für gewöhnlich zur Verzweiflung treiben. Etwas stereotyp anmutend bejammern sie den hohen Medienkonsum ihrer Kinder, während sie selbst nicht wenig Zeit damit verbringen, sich in den sozialen Medien zu präsentieren. Im Grunde können sich die meisten Erwachsenen trotz eines ausgeprägten kritischen Bewusstseins selbst an die Nase fassen, wenn es um das Thema Medien geht.

Die vordringliche Zielgruppe von *Netboy* dürften Jugendliche der 7. und 8. Klasse sein. Und nun fangen die Probleme an: In der Hochphase der Pubertät ist der Umgang mit einem Theaterstück einfach nicht pauschal vorhersagbar, und während es in einer Klasse z. B. mit szenischem Spiel gut laufen kann, gerät dieses Unterrichtsverfahren in der nächsten zum Desaster. Es ist souverän, wenn Lehrkräfte nicht auf einem Unterrichtsverfahren beharren, sondern im Zweifel auch vorher die Klasse befragen, ob sie sich mit bestimmten Unterrichtsformen wohlfühlen – wenn man es als Lehrkraft nicht bereits vorher schon erahnt.

Ich persönlich habe keine guten Erfahrungen damit gemacht, wenn Jugendliche in einer 7. oder 8. Klasse sich vor der Klasse schauspielerisch bewähren und ausdrucksstarke Posen oder Standbilder einnehmen müssen, und möchte deshalb mit den folgenden Verfahren eine Alternative anbieten. Das muss aus Platzgründen nur angedeutet bleiben.

Modul I

Netboy ist ein Theaterstück der Gegenwart und beschäftigt sich mit der Gegenwartsgesellschaft. Die Klasse soll nach der vollständigen Lektüre des Stücks in eingeteilten Gruppen die folgenden Fragen in einer Präsentation beantworten. Die Methoden der Recherche oder die der literarischen Charakterisierung müssen deshalb vorher besprochen worden sein.

1. Recherchiert den Begriff Cybermobbing, definiert ihn in euren Worten und führt aussagekräftige Statistiken für seine Bedeutung an.[1]
2. Charakterisiert Marie, Sarah und Olaf. Geht dabei besonders darauf ein, was sie jeweils belastet, und belegt eure Ergebnisse mit aussagekräftigen Textstellen.
3. Untersucht das Verhalten der Eltern Maries und belegt eure Ergebnisse mit aussagekräftigen Textstellen. Geht dabei auf die Frage ein, inwiefern Marie bei ihnen Halt findet.

Modul II

Im Stück *Netboy* geht es um die Rolle der elektronischen Medien. Maries Mutter kritisiert, wie viel Zeit ihre Tochter

1 Das Statistische Bundesamt bietet kostenlose Zugänge für Bildungsinstitutionen an (www.statista.de). Die Menge des Materials ist gewaltig.

vorm Computer verbringt. Da gilt es nachzuhaken. In Gruppen- oder Partnerarbeit:

1. Beantwortet die Frage, was elektronische Medien sind und welche derzeit besonders genutzt werden. Belegt eure Ergebnisse mit aussagekräftigen Daten.
2. Recherchiert möglichst genau, wie viele Stunden pro Woche bzw. pro Tag Erwachsene und Jugendliche mit Fernsehen, Internet und Büchern oder Zeitungen in Deutschland verbringen.
3. Macht diesbezüglich eine anonyme Umfrage in der Klasse. Erstellt anschließend eine Übersicht.
4. Spiegelt das Stück *Netboy* die Realität wider? Beurteilt die Frage anhand eurer Daten.

Modul III

Das Theaterstück *Netboy* lebt von der Sprache der Jugend. Was aber kennzeichnet sie? Die Lehrkraft kann entsprechendes Material bereitstellen oder die Klasse im Internet recherchieren lassen. »Jugendsprache« ist ein guter Suchbegriff. Die folgenden Arbeitsaufträge bieten sich dabei an:

1. Was ist »Jugendsprache«, und was sind ihre Merkmale?
2. Untersucht an einer Szene eurer Wahl, welche sprachlichen Merkmale einen Chat auszeichnen.
3. Bewertet den Einfluss der sozialen Medien auf die Entwicklung der deutschen Sprache.
4. Optional: Formuliert eine Chatpassage zwischen Marie und *Netboy* so aus, als gäbe es keine Abkürzungen im Netz und als würden beide in ganzen Sätzen alles be-

schreiben, was sie wollen oder denken. Diskutiert anschließend die Unterschiede.

Modul IV

Zum Abschluss könnte die Klasse darüber nachdenken, was Marie noch hätte tun können, nachdem Netboy das peinliche Foto veröffentlicht hat. Dazu kann der Text in einer Szene fiktiv fortgeschrieben werden. Im Vorfeld wäre es empfehlenswert, dass sich die Klasse an die lokale Polizeistation wendet, um zu erfahren, wie die strafrechtlichen Verfahrensweisen aussehen. Die Polizeibehörden sind in der Sache sensibilisiert, ausgebildet und hilfsbereit. Nebenbei kann so der formal angemessene Umgang eingeübt werden.

Modul V

Auch das eigene Hörspiel bietet sich an. In Kleingruppen kann eine begrenzte Textstelle vorbereitet und auf Band gesprochen werden. Die technischen Mittel für eine Aufzeichnung beherrschen die Schüler:innen in der Regel gut. Das Ziel sollte sein, einen überzeugenden Hörspielbeitrag aufzuzeichnen. Da man das ohne Publikum umsetzen kann (nur in der Kleingruppe), ist die Hemmschwelle gering, und weil das Figurenensemble im Stück klein ist, sind mehrere Gruppen schnell gebildet.

Nachwort

Für das Internet hatte der Computer-Pionier Joseph Weizenbaum zunehmend nichts mehr übrig. Im Jahr 2003 wird der damals Achtzigjährige im Zuge eines Vortrags mit den Worten zitiert:

> »Kinder müssen erst eine gewisse Reife haben, sonst lernen sie allenfalls Oberflächlichkeit. Computer sind ohne Vorwissen nutzlos. [...] Das Internet ist ein Misthaufen. 90 Prozent sind Schrott, es finden sich aber auch ein paar Perlen und Goldgruben. Etwas in eine Suchmaschine einzugeben und das Ergebnis auszudrucken, das ist das Gegenteil von Bildung.«[2]

Er kann es beurteilen. Der in Berlin geborene Weizenbaum (1923–2008) lehrte an einer der weltweit bedeutendsten technologischen Universitäten, dem Massachusetts Institute of Technology (MIT). Er hat einige der wichtigsten Entwicklungen der Computerwissenschaft mitbegründet, so 1966 das Programm ELIZA, das vernünftige Gespräche mit einem Computer täuschend echt simulieren konnte. Die Rezeption derartiger Projekte stimmte ihn aber nachdenklich, und er fing an, vor einer unkritischen Haltung bezüglich der stürmischen Entwicklungen zu warnen. 1977 beispielsweise ist er mit dem Buch *Die Macht der Computer und die Ohnmacht der Vernunft* in die Geschichte eingegangen; sich selbst bezeichnete er als Ketzer in der Welt der

2 Vgl. www.spiegel.de/lebenundlernen/uni/zitat-des-tages-finger-weg-vom-computer-kinder-a-233747.html (Stand: 6. 6. 2023).

Informatik. Man braucht keine Fantasie, um die Eskapaden in den sozialen Medien dem »Schrott« und dem »Misthaufen« im Sinne Weizenbaums zuzuordnen. Das Zitat Weizenbaums macht deutlich, dass er sich für den Umgang mit dem Internet Reife in der Beurteilung dessen wünscht, was man da gerade liest; das betrifft in der Konsequenz nicht nur die Bildungsbemühungen im Zuge der Recherchen für ein Schulreferat, wie es das Zitat in einer engen Lesart glauben machen könnte.

Marie muss erst eine sehr schmerzhafte Erfahrung machen, um zu begreifen, dass sie im Chat mit einer anonymen Person keine Hilfe erfährt. Maries Eltern sind geschieden. Im Erscheinungsjahr 2012 des Theaterstücks *Netboy* liegt die Scheidungsquote in Deutschland bei 46,24 %.[3] In den Jahren von 2000 bis 2012 gab es eine auffallend hohe Scheidungsquote (der Negativrekord lag mit 51,92 % im Jahr 2005). Hinter den nüchternen Zahlen der Scheidungen verbergen sich Schicksale, Streit und oft genug aus der Bahn geworfene Kinder, denen der Halt eines intakten Elternhauses fehlt und die oft Probleme haben, sich in der Schule zurechtzufinden. Im Jahr 2012 betraf das 143 022 Minderjährige.[4] Für Marie ist die Scheidung der Eltern ein tiefer Schnitt, mit dem sie schlecht zurechtkommt. Sie fühlt sich hin- und hergeschoben. Die Sehnsucht nach dem Vater wird zu Beginn deutlich (»Papa, ich hab eine Idee für nächs-

3 Statistisches Bundesamt, https://de.statista.com/statistik/daten/studie/76211/umfrage/scheidungsquote-von-1960-bis-2008/ (Stand: 6. 6. 2023)

4 Statistisches Bundesamt, https://de.statista.com/statistik/daten/studie/484867/umfrage/anzahl-minderjaehrige-scheidungskinder-in-deutschland/ (Stand: 6. 6. 2023).

tes Wochenende!«, S. 10); die Absage des Vaters, der sich mit seiner Lebensgefährtin Sabine eine neue Beziehung in einer anderen Stadt aufbauen will, macht Marie zu schaffen. Ihre Hoffnung, zumindest eine Routine im Umgang mit dem Vater zu erleben, verrät sich mit beiläufigen Formulierungen (»Warum? Für Mama ist das völlig okay, dass wir uns regelmäßig sehen«, S. 11). Die Freundin ihres Vaters (»die Zicke«, S. 21) ist Marie vollkommen gleichgültig, und es überrascht nicht, dass sie sich im Grunde eine Trennung ihres Vaters von dieser Frau wünscht. Das Gespräch mit ihrem Vater endet deshalb mit einem Verzweiflungsschrei: »Hau doch für immer ab mit deiner doofen Sabine. Eine Fernbeziehung ist auch nichts für mich!« (S. 12).

Das Publikum ist gefordert, zwischen den Zeilen die emotionale Situation Maries zu antizipieren. Viel wird nicht gesagt, aber es reicht. Ihr Bedürfnis nach Halt und Aufmerksamkeit – dem Vater berichtet sie zu Beginn voller Stolz von ihrer Wahl zur Klassensprecherin – wird schwer enttäuscht, als sich ihr Vater geradezu symbolisch für seine neue Partnerin entscheidet und ihr nach Berlin folgen möchte. Marie ist verletzt, wütend, sucht Trost und ist dabei anfällig für jemanden, der das zu nutzen versteht: »Netboy«. In der Lehrerin, die schlechte Noten gibt, findet sie ein Ziel für ihre aufgestauten Aggressionen, die sich auch in ihrem mühselig unterdrückten inneren Zwang dokumentieren, anderen Menschen ihre angeblichen Perücken vom Kopf zu reißen, weil sie sehen möchte, was sich darunter verbirgt (S. 7, 27). Neben der Aggression kommt auch die Suche einer Jugendlichen nach Erklärungen zum Ausdruck. In Maries Worten: »Die Frage ist doch: Was ist unter den Perücken? Was verstecken die Leute da? Was sollen wir nicht sehen?« (S. 7). Haare und Perücken als Leitmotiv der Identitäts- und Erklärungssuche tauchen am Ende des Stücks nochmals auf – Marie hat sich die Haare vom Kopf abrasiert (S. 78). Zu diesem Zeitpunkt ist sie in der Schule das Ziel des allgemeinen Spotts nach »Netboys« Intrigen und möchte zu ihrem Vater nach Berlin ziehen.

Sarah teilt die Probleme Maries nicht. Sie wird im Stück als ein Mädchen angelegt, das Frustrationen schlecht verkraftet und einen falschen Charakterzug in sich trägt. Die Niederlage in der Klassensprecherwahl nimmt sie persönlich und konstruiert daraus einen irrationalen Vorwurf: »Warum hatte ich mich bloß zur Wahl gestellt? Ich hatte nie eine Chance zu gewinnen. Marie wusste das. Sie wusste, dass ich so schlecht abschneiden würde. Deshalb wollte sie, dass ich mitmache.« (S. 8) Da sie sich Marie nicht mitteilt und ihre Wut verbirgt, ergibt sich das Motiv für ihr Handeln. Sie tarnt sich als »Netboy« und nutzt ihr manipulatives Geschick, bis Marie nach ihrer Pfeife tanzt. Sie möchte Rache für eine im Grunde unbedeutende Angelegenheit, in der sie kein Recht hat, etwas zu fordern (man kann nicht verlangen, gewählt zu werden). Ähnlich ist es, als sie von einer Lehrerin eine schlechte Note bekommt und ihr einfach niedere Motive bei der Auswahl ihrer Prüfungsfragen unterstellt (»Und das würde der Bruttschner wieder nicht gefallen. Die will mich unten sehen!«, S. 25). Im Kontext dieser Textstelle wird deutlich, dass Sarah nicht angemessen gelernt hat und trotzdem die Verantwortung anderen zuschiebt (wie zuvor bei der offenen Klassensprecherwahl). Eine gewisse Rolle dürfte auch die Verliebtheit Olafs in Marie spielen, da zu den schulischen Frustrationen Sarahs noch die persönliche Kränkung kommt, dass er sich in das Mädchen verliebt, das Sarah bei der Klassensprecherwahl schlecht aussehen ließ. Sarah erträgt es auch nicht gut, wenn sie nicht die Kontrolle hat, bzw. genießt es, Macht zu haben. Ihr Bedürfnis Klassensprecherin zu sein, zeigt es, und ihre Schlussworte sprechen für sich: »Ein schönes Gefühl, bestimmen zu können, wann das Spiel zu Ende ist – und wann es für jemand anderen beginnt.« (S. 78) Natürlich sind dies auch die Worte von jemandem, der im Grunde unsicher ist und falsche Zusammenhänge herstellt. Sarahs Vorliebe für Franz Kafka, den sie in ihrer Rolle als »Netboy« zitiert, ist im Stück wie eine Metapher für das Unklare und den gleichzeitigen Wunsch nach Orientierung in ihr. Die Behandlung Kafkas im Deutschunterricht gilt vielen als geradezu klassische Lektüre eines geheimnisvollen Autors, dessen Parabeln dem Leben eine chiffrierte Erklärung geben. Dass Sarah alias »Netboy« Kafka liest und zitiert, lässt sich als Beleg ihrer Intelligenz wie auch der eigenen Unsicherheit verstehen, auch wenn sie sich nach außen beherrscht und altklug gibt. Man kommt nicht umhin, ihr Missverständnis von Kafkas Werk und Person festzuhalten. Die Einleitung Sarahs alias »Netboys« zu den Zitaten Kafkas – »Kafka schreibt«, »Kafka sagt« – klingt, als würden sie einen Propheten zitieren, dürften sich aber kaum mit dem Kontext verbinden lassen, in dem Kafka sich äußerte, bzw. werden Franz Kafkas Werk und seiner Person nicht ansatzweise gerecht. Sarah erscheint insgesamt als eine Jugendliche, die boshaft ist und mit ihren rachsüchtigen Aggressionen zerstörerisch vorgeht, aber sich gut als stilles Mädchen zu tarnen versteht.

Sowohl Marie als auch Sarah sind (altersgemäß wenig überraschend) ungefestigte Persönlichkeiten. Auch Olaf ist es zunächst. Er empfindet seinen Namen als Handicap (S. 15) und baut sich eine innere Ausflucht mit seinen Hoffnungen auf eine Karriere als fiktiver Draufgänger »Jack« auf; eine Kunstfigur seines Inneren. Seine Unsicherheit zeigt sich auch in der Leichtigkeit, mit der Marie ihn im Auftrage »Netboys« alias Sarahs dahingehend manipuliert, Sarah zu küssen und entgegen seinen Gefühlen für Marie zu handeln. Für den schüchternen Jungen ist die erste Verabredung mit einem Mädchen so aufregend, dass er sich beim Versuch, Sarah zu nähern, innerlich als »Jack« anfeuert (S. 32–35). Allerdings zeigt sich der Junge bald in einem anderen Licht. Im Gegensatz zu Marie und Sarah macht er als Figur eine deutlich positive Wandlung durch und steht Marie mehrfach selbstbewusst zur Seite, beispielsweise als er sich als Olaf (nicht als »Jack«) ihr gegenüber öffnet und von seiner Blamage im Bus erzählt (S. 76), sich um Marie ehrlich sorgt und ihr rät, sich nicht vom unbekannten »Netboy« demütigen zu lassen, oder ihr schließlich deutlich seine Liebe gesteht, weil sie nicht alles verloren habe (»mich nicht«, S. 75).

Das Theaterstück *Netboy* behandelt in 35 kurzen Szenen, mit zügiger Handlungsführung und mit wenig Dramenfiguren ein Thema, das sich mit den schnell wachsenden Möglichkeiten und Formen der elektronischen Kommunikation als negativer Begleiterscheinung der Gegenwartsgesellschaft zeigt. Das ist die Chance der Gegenwartsliteratur: Probleme erkennen, aufgreifen und literarisch so umsetzen, dass dem Publikum eine Möglichkeit zur Reflexion an die Hand gegeben wird.[5] Petra Wüllenweber verfolgt

5 Vgl. Andreas Englhart, *Das Theater der Gegenwart*, München 2013; Reiner Ruffing, *Deutsche Literaturgeschichte*, Paderborn ³2021.

mit ihrer Arbeit als Regisseurin und Autorin diese Möglichkeiten. Geboren wurde sie 1971, studierte Germanistik und schließlich von 1992 bis 1996 das Fach »Regie« in Ulm. Danach folgte die Arbeit als Regisseurin an verschiedenen Bühnen wie z. B. in Köln, Bremen, Mönchengladbach oder Wien und nebenher die als Autorin von Bühnenstücken. Eine ganze Reihe von Nominierungen für wichtige Theaterpreise zeugen von ihren Qualitäten. Unter anderem erreichte sie mit den Inszenierungen *Ein Hauch von Winterwetter* und *Sex is a Gift* in den Jahren 2002 und 2003 Nominierungen für den Kölner Theaterpreis; so auch mit *Penthesilea* im Jahr 2008 für den Bayerischen Theaterpreis. Im Jahr 2016 stand sie mit ihrem Stück *Und morgen?* in der engen Auswahl des Deutschen Jugendtheaterpreises. Am 20. Januar 2023 feierte sie mit der Inszenierung der *Antigone* in Pforzheim Premiere. In der dichten Reihe von Inszenierungen und Theaterstücken Petra Wüllenwebers wendet sich ein erheblicher Teil der Jugend als Zielgruppe zu. Es sind Schlüsselsituationen im Leben der Heranwachsenden, die sie und natürlich die Erwachsenen bzw. die Eltern betreffen: Drogenkonsum, die Frage des Zusammenhalts in Familien, Zuwendung und Vertrauen, die schwierige Orientierung in einer unübersichtlich werdenden Moderne oder eben auch die Rolle der modernen Kommunikationsmedien wie im Stück *Netboy*. Das Stück ist, wie weitere aus der Feder Petra Wüllenwebers auch, in der authentischen Sprache der Jugend verfasst, wodurch sich ein hohes Maß an Identifikationsmöglichkeiten mit den Figuren eröffnet.

Bietet das Stück mit seinen Szenen, deren auffallend hohe Anzahl im Vergleich zur Werklänge die Fragmentierung der modernen Lebenswirklichkeit und die Bedeutung kurzer Momente spiegelt, eigentlich Lösungswege für das Problem des Cybermobbings an? Darüber kann und soll man geteilter Meinung sein. Man muss bei einer Grundsatzfrage anfangen. »Warum telefonierst du nicht mit deinen Freundinnen? Oder triffst sie?« (S. 20), fragt Maries Mutter, die mit der Tatsache nichts anfangen kann, dass ihre Tochter oft vor dem Computer hockt. In ihren Worten: »Dann musst du ja nicht auch noch stundenlang vor dem Computer sitzen, um dich mit ihnen auszutauschen.« (S. 20) In dieser 9. Szene treffen unterschiedliche Welten aufeinander. Die Frage der Mutter ist berechtigt. Der persönliche Kontakt mit Gestik, Mimik und natürlich auch das unersetzbare Gefühl von Wärme durch die Anwesenheit von Menschen geht weit über das hinaus, was ein Chat simuliert. Aber auch Maries Einwände sind nicht von der Hand zu weisen. Die anderen würden das auch tun, sagt sie. »So bin ich wenigstens in Kontakt. Egal wo meine Leute gerade auf der Welt sind« (S. 21), fügt sie an. Die Frage der Nutzung von elektronischen Medien wird so offen an das Publikum zurückgegeben. Gut so: Literatur ist nicht und sollte auch nicht der kleinschrittige Ratgeber in allen Lebenslagen sein, sondern zum Nachdenken anregen. Später, als Marie zwei erhebliche Fehler mit der Aktion vor der Tür der Lehrerin sowie dem Diebstahl des Geldes gemacht hat, kommt die eigentliche Nagelprobe. Die Mutter Maries entscheidet sich, ihrer Tochter zur Seite zu stehen (»Marie ... das ist alles schon schlimm genug. Erklären kannst du mir das später. Jetzt müssen wir zusammenhalten, oder?«, S. 69), anstatt erbost herumzuschreien, wie es Marie befürchtet. Für Marie ist dieser Halt ein wichtiges Signal. Zuvor hat ihr Vater bereits angeboten, für sie da zu sein und sie in Berlin aufzunehmen, wenn sie es wünsche. Marie macht davon am Ende Gebrauch. Und besonders wichtig dürfte Olafs Beistand sein, als Marie am Tiefpunkt angelangt ist. Für das Publikum wird so die Bedeutung von Vertrauen und Unterstützung deutlich. In dem Zusammenhang äußert Olaf, wie er mit seiner eigenen großen Blamage umging: »Irgendwann war es mir egal.« (S. 77) Beneidenswert, wenn man die Kraft für diese Haltung findet. Marie hat sie anscheinend nicht – sie verlässt die Stadt und zieht fort. Ihre Auffassung, dass es nichts nutze, Anzeige zu erstatten und etwas zu löschen, bleibt letztlich dem Publikum zur Bewertung überlassen, und das Stück gaukelt auch keine heile Welt mit einem kitschigen Happy End vor. Eine aktuelle Umfrage unter etwa 2000 Jugendlichen aus dem Jahr 2022 belegt jedenfalls, dass 59 % der 14- bis 17-Jährigen Erfahrungen mit Cybermobbing machten.[6] *Netboy* greift also ein Problem der Gegenwart auf, das sich so schnell nicht erledigt. Die eingangs dieses Nachworts zitierte Auffassung von Joseph Weizenbaum, Jugendliche müssten den Umgang mit dem Internet erlernen, dürfte zutreffen. Die Schulen haben darauf im Unterricht reagiert. Dazu kann auch ein Bühnenstück wie *Netboy* beitragen. Vermutlich ist deshalb die Aufführung von der Bundeszentrale für politische Bildung gefördert worden.[7]

6 Statistisches Bundesamt, https://de.statista.com/statistik/daten/studie/1356836/umfrage/jugendliche-betroffenheit-von-cybermobbing/ (6. 6. 2023).

7 Vgl. www.mz.de/lokal/aschersleben/cybermobbing-theaterstuck-netboy-von-petra-wullenweber-klart-schuler-auf-1381077 (6. 6. 2023).

Zu den Autor:innen

Petra Wüllenweber, geb. 1971, studierte zunächst Germanistik an der Universität des Saarlandes, bevor sie 1992 ihr Regiestudium an der Theaterakademie der Spielstatt Ulm aufnahm. Nach Engagements als Regieassistentin und Regisseurin in Ulm, Krefeld und Mönchengladbach arbeitet sie seit 2000 als freie Regisseurin und Autorin u. a. in Köln, Regensburg, Bremen, Linz und Hildesheim. Ihre Kinder- und Jugendstücke, darunter *Zweier Ohne*, *Am Horizont* und *Zur Zeit nicht erreichbar*, wurden für zahlreiche Auszeichnungen und Preise nominiert.

***

Sven Jacobsen, geb. 1970, studierte Germanistik und Geschichte. Er ist Oberstudienrat an einem Gymnasium in Baden-Württemberg und verfügt über langjährige Erfahrung als Endbeurteiler und in der Hochbegabtenförderung.

Inhalt